# 秦淮画卷

## 秦淮文化特色与形态

肖东发 主编 李正平 编著

中国出版集团
现代出版社

图书在版编目（CIP）数据

秦淮画卷：秦淮文化特色与形态 / 李正平编著. —
北京：现代出版社，2014.5（2019.1重印）
　　ISBN 978-7-5143-2431-0

　　Ⅰ．①秦… Ⅱ．①李… Ⅲ．①地方文化－研究－南京
市 Ⅳ．①G127.531

中国版本图书馆CIP数据核字(2014)第085415号

## 秦淮画卷：秦淮文化特色与形态

主　　编：肖东发
作　　者：李正平
责任编辑：王敬一
出版发行：现代出版社
通信地址：北京市定安门外安华里504号
邮政编码：100011
电　　话：010-64267325 64245264（传真）
网　　址：www.1980xd.com
电子邮箱：xiandai@cnpitc.com.cn
印　　刷：三河市华晨印务有限公司
开　　本：710mm×1000mm　1/16
印　　张：10
版　　次：2015年4月第1版　2021年3月第4次印刷
书　　号：ISBN 978-7-5143-2431-0
定　　价：29.80元

党的十八大报告指出："文化是民族的血脉，是人民的精神家园。全面建成小康社会，实现中华民族伟大复兴，必须推动社会主义文化大发展大繁荣，兴起社会主义文化建设新高潮，提高国家文化软实力，发挥文化引领风尚、教育人民、服务社会、推动发展的作用。"

我国经过改革开放的历程，推进了民族振兴、国家富强、人民幸福的中国梦，推进了伟大复兴的历史进程。文化是立国之根，实现中国梦也是我国文化实现伟大复兴的过程，并最终体现为文化的发展繁荣。习近平指出，博大精深的中国优秀传统文化是我们在世界文化激荡中站稳脚跟的根基。中华文化源远流长，积淀着中华民族最深层的精神追求，代表着中华民族独特的精神标识，为中华民族生生不息、发展壮大提供了丰厚滋养。我们要认识中华文化的独特创造、价值理念、鲜明特色，增强文化自信和价值自信。

如今，我们正处在改革开放攻坚和经济发展的转型时期，面对世界各国形形色色的文化现象，面对各种眼花缭乱的现代传媒，我们要坚持文化自信，古为今用、洋为中用、推陈出新，有鉴别地加以对待，有扬弃地予以继承，传承和升华中华优秀传统文化，发展中国特色社会主义文化，增强国家文化软实力。

浩浩历史长河，熊熊文明薪火，中华文化源远流长，滚滚黄河、滔滔长江，是最直接的源头，这两大文化浪涛经过千百年冲刷洗礼和不断交流、融合以及沉淀，最终形成了求同存异、兼收并蓄的辉煌灿烂的中华文明，也是世界上唯一绵延不绝而从没中断的古老文化，并始终充满了生机与活力。

中华文化曾是东方文化摇篮，也是推动世界文明不断前行的动力之一。早在500年前，中华文化的四大发明催生了欧洲文艺复兴运动和地理大发现。中国四大发明先后传到西方，对于促进西方工业社会的形成和发展，曾起到了重要作用。

中华文化的力量，已经深深熔铸到我们的生命力、创造力和凝聚力中，是我们民族的基因。中华民族的精神，也已深深植根于绵延数千年的优秀文化传统之中，是我们的精神家园。

总之，中华文化博大精深，是中国各族人民五千年来创造、传承下来的物质文明和精神文明的总和，其内容包罗万象，浩若星汉，具有很强的文化纵深，蕴含丰富宝藏。我们要实现中华文化伟大复兴，首先要站在传统文化前沿，薪火相传，一脉相承，弘扬和发展五千年来优秀的、光明的、先进的、科学的、文明的和自豪的文化现象，融合古今中外一切文化精华，构建具有中国特色的现代民族文化，向世界和未来展示中华民族的文化力量、文化价值、文化形态与文化风采。

为此，在有关专家指导下，我们收集整理了大量古今资料和最新研究成果，特别编撰了本套大型书系。主要包括独具特色的语言文字、浩如烟海的文化典籍、名扬世界的科技工艺、异彩纷呈的文学艺术、充满智慧的中国哲学、完备而深刻的伦理道德、古风古韵的建筑遗存、深具内涵的自然名胜、悠久传承的历史文明，还有各具特色又相互交融的地域文化和民族文化等，充分显示了中华民族的厚重文化底蕴和强大民族凝聚力，具有极强的系统性、广博性和规模性。

本套书系的特点是全景展现，纵横捭阖，内容采取讲故事的方式进行叙述，语言通俗，明白晓畅，图文并茂，形象直观，古风古韵，格调高雅，具有很强的可读性、欣赏性、知识性和延伸性，能够让广大读者全面接触和感受中国文化的丰富内涵，增强中华儿女民族自尊心和文化自豪感，并能很好继承和弘扬中国文化，创造未来中国特色的先进民族文化。

2014年4月18日

# 历史沉淀——文化底蕴

## 美名远扬——秦淮奇葩

## 十里画廊——千古风情

# 文化底蕴

南京是千年历史文化名城，秦淮河是南京古老文明的摇篮，是南京名副其实的"母亲河"。历史上极负盛名。秦淮河及其沿岸是南京最繁华热闹的地方，其形成的文化是南京文化的精华，秦淮河由此被称为"中国第一历史文化名河"。

远在石器时代，秦淮地区就有人类活动。春秋末期，这里已经是交通便利、物产丰富，经济发达，人口密集的地方。十里秦淮河代表了南京古代文明，是了解南京古代文明最佳的窗口。

# 范蠡筑城与秦淮河建设

公元前473年，那还是战国时期，越王勾践命手下谋臣范蠡去古金陵江上镇建筑新城。

■范蠡雕像

范蠡千里迢迢来到了江上镇，此时的江上镇地处淮水的东面。范蠡经过实际勘探，他最终确定在古长干里之南约800米处筑城。这里的地势较高，战略位置十分重要。

到了公元前472年，一座壮观雄伟的新城就在这里矗立起来了。新城周长约1千米，占地面积

■范蠡（前536年—前448年），字少伯，又叫范少伯、陶朱公、鸱夷子皮。生于春秋时期的宛地，即今河南南阳。春秋末著名政治家和实业家。他不仅帮助勾践灭吴，还经商成为巨富。可以说是忠以为国，商以致富，成名天下。

60000多平方米。城的东南侧有一扇大门，名叫"望国门"。城内建有范蠡府第。因新城是范蠡所建，故称"越城"，又称"范蠡城"。

越城是后来南京地区有确切可考年代的最早古城，是后来南京城建设的开端。

至公元前333年，战国时期楚国国君楚威王又在清凉山开始筑城，称为"金陵邑"或"石头城"，自此这里称为"金陵"。

公元前221年，秦始皇建立了统一的秦帝国，推行郡县制，分天下为三十六郡，改金陵邑为"秣陵县"。

金陵是千年历史文化名城。三国吴、东晋、南朝宋、齐、梁、陈时期都建都于此，先后经历了39帝，共332年，史称"六朝"。

其后，南唐、明代朝廷也曾建都于此，历史文化

003

历史沉淀
文化底蕴

■秦淮河两岸雪景

**天子** 顾名思义，天之嫡长子。在我国古代时期，封建君主认为王权为神所授，其命源天，天子也是对封建社会最高统治者的称呼。自称其权力出于神授，是秉承天意治理天下，故称帝王为天子，也自称为朕。朕代表皇帝的说法，出自于秦国的丞相李斯。他对秦始皇说"臣等昧死上尊号，王为泰皇。命为制，令为诏，天子自称曰朕。"

十分深厚。

淮水又称"小江"，本名"龙藏浦"，有两个源头：一个源头是东源，源头在句容城北的宝华山；南源在溧水东南10千米处的东庐山。东南两个源头在方山附近汇合，全长约110千米，流域面积达2600多平方千米。

传说秦始皇东巡到会稽，当他巡行至天印山时，陪同的几个望气术士，见四周山势险峻，地形险要，就对秦始皇说："金陵有天子气"。

为了破坏金陵的"王气"，秦始皇就命令凿开方山疏淮水，以泄王气。

古代地理学文集《舆地志》这样记载：

> 秦始皇时，望气者云"江东有天子气"，乃东游以厌之，又凿金陵以断其气。

从此以后，淮水被称为"秦淮"。

■ 秦淮河畔

据史料记载，在东吴时期，对秦淮河进行了大量开挖整治。

■秦淮河风光

245年，东吴国君孙权派校尉孙勋率30000屯田兵开凿岗渎，与原有的江南内河相连接，沟通了秦淮与太湖流域之间的交通航道，使三吴地区的物品不需逆江而上便能运来都城建康，建康就是金陵。

秦淮河是六朝宫城南面的天然屏障，是军事防守的要冲。在东吴时期，为了加强防御，从江口缘开始筑堤，称"横塘"，并夹淮立栅，称为"栅塘"。

秦淮河北岸建有大航门，大航门正对吴宫城的南门。南面大航门的淮水上建有大航桥，史称"吴南津大桥"。在东晋时期，又在秦淮河南北两岸设有篱门56所，称"效门"，又称"篱门"。

从东晋时期至陈时期的两三百年间，秦淮河上曾先后建有24座浮航，称为"二十四航"。浮航中最有

**建康** 南京的别称。东晋，南朝宋、齐、梁、陈五代京师的名称。六朝时期我国的经济、文化、政治、军事中心。以建康为代表的南朝文化，与西方的古罗马被称为人类古典文明的两大中心，在人类历史上产生了极其深远的影响。现为南京市的道路名称。

■ 秦淮河微缩景观

**朱雀** 别称"朱鸟"，是一种红色的鸟，在我国传统文化中是上古四大神兽之一。传说，朱雀状如锦鸡，五彩羽毛，其身覆火焰，终日不熄。朱雀代表南方的神兽，代表的颜色是红色，代表的季节是夏季。也是二十八宿中南方七宿的总称。

名的是朱雀航、骠骑航、丹阳后航、竹格渚航等，均在秦淮河上。

378年，在晋孝武帝时期，尚书仆射谢安为皇帝建设新宫时，在朱雀门重楼上修建了高大城楼。

新城楼最上层叫"朱雀观"，两只铜孔雀悬挂门头上，木雕的龙虎置于门楣左右，楼内彩绘藻井。整个建筑秀丽精美，蔚为壮观。

480年，设置了六门都墙，仍称"篱门"，其中南篱门、三桥篱门均在秦淮河南岸。

秦淮河既是六朝都城南面的门户和军事要冲，也是当时重要的交通运输线。秦淮河东通吴会，西达长江，都城范围内汇入秦淮河的水系有落马涧、青溪、运渎。

根据史籍记载："金陵之水以淮为经。"秦淮河与青溪、运渎互相沟通，形成了六朝时期都城的水道网系。

六朝时期的秦淮河，流量很大，河面很宽，朱雀航处的河面就有130多米宽，四方的货物都可以经秦淮河运至建康。皇宫所需的粮食、物资，从秦淮河经运渎，可以用船直接运抵宫城。

秦淮河经青溪与珍珠河、进香河诸水系相连。水路运输的畅通便利，既适应了六朝时期经济发展的需要，又促进了京都的工商业繁盛。秦淮河沿岸有大市小市100多个，交易十分兴旺。

西晋著名文学家左思在《三都赋》中的《吴都赋》对此作了生动描述：

《三都赋》 西晋时期左思的作品，包括《吴都赋》《魏都赋》《蜀都赋》，是一部写魏、蜀、吴三个国家概况的书籍。左思历时10年写就，文学成就很高，一时被传为经典。因抄写的人很多，出现了纸张供不应求的现象。

历史沉淀

文化底蕴

水浮陆利，方舟结驷，唱棹转谷，昧旦　■秦淮河风光

永日……楼船举帆而过肆，果布辐辏而常
然……货殖之选，乘时射利，财丰巨万。

**琉璃** 亦作"瑠璃"，是指用各种颜色的人造水晶为原料，采用古代的青铜脱蜡铸造法高温脱蜡而成的水晶作品。其色彩流云溢彩、精美绝伦；其品质晶莹剔透、光彩夺目。琉璃是佛教"七宝"之一、"中国五大名器"之首。我国琉璃生产历史悠久，最早的文字记载可以追溯到唐代。

008

秦淮画卷

秦淮文化特色与形态

937年，南唐建都金陵后，把城墙跨修在秦淮河两岸，秦淮河及其两岸经济繁盛地区都圈入了城内。从此金陵城中心南移，其范围为：南至聚宝门，北至北门桥，东至大中桥，西边至水西门。

南唐时期又在后来的东水关处，建了上水桥。又在后来的西水关处，建了下水桥，引秦淮河水自上水桥入城，经镇淮桥、新桥至下水桥出城。这段河道长约10千米，因此称之为"十里秦淮"。

秦淮河被圈入城内，成为金陵城的重要组成部分。十里秦淮及其两岸与南唐都城中轴线相交叉，构成了金陵水陆繁华之区。

■秦淮河沿岸风光

至1034年的北宋时期，在秦淮河畔，建设了祭祀孔子的文宣庙，后来改称为"夫子庙"，还建了彝伦堂，就是后来的明德堂。

南宋期间，很多建筑在秦淮河沿岸修筑起来，很多名士慕名来此，并写下了许多歌颂秦淮的诗词名篇。

明代时期，明太祖朱元璋建都于金陵，并取名叫"南京"。

明王朝用了21年时间建设都城，城墙用巨砖砌成，城周30多千米。通济门、聚宝门、三山门在原来城墙的原基上重建，城门都是四道门券，为秦淮河增添了宏伟壮丽的景色。

明成祖朱棣在聚宝门外修建大报恩寺，用了16年时间建成，周围约4千米。同时，在大报恩寺内费时19年建成了九层琉璃宝塔。此外，明王朝在南京还新建了不少建筑。

清朝时期，秦淮河两岸也陆续建设了很多建筑，秦淮河及其两岸达到了鼎盛时期。

阅读链接

秦淮之名究竟起于何时，有不少说法。有人认为，淮水改称"秦淮"，应在东晋皇帝司马奕时，即366年至371年。这个说法的根据是唐代许嵩著的《建康实录》中有这样的记载："帝时侍中、中书令王坦之早临秦、安乐二寺。在今县南二里半，南门临秦淮水也。"

也有人认为淮水改称"秦淮"，始于唐代中期，因为有唐代大诗人李白的诗作《留别金陵诸公》："六代更霸业，遗迹见都城。至今秦淮间，礼乐秀群英。"

还有唐代著名诗人杜牧的《泊秦淮》"烟笼寒水月笼沙，夜泊秦淮近酒家"的诗句等作为证明。

# 十里秦淮繁茂胜景变迁

秦淮河孕育了南京古城的诞生和发展，素有"屈曲秦淮济万家"的美誉。

秦淮河流入通济门外的九龙桥时，分为两支，没有入城的一支叫"外秦淮"，是南京城的护城河；流入城内的叫"内秦淮"。

内秦淮自东水关入城，经夫子庙和中华门内的镇淮桥，水流婉转向西北，然后从水西门的西水关出城，与城外淮水汇合，素称"十里秦淮"。

自古以来，"十里秦淮"是秦淮河的中心地段，也是秦淮河最繁茂、最热闹的地区。六朝时期，秦淮河流量很大，河面很宽，水路运输畅

南京十里秦淮风光

通，商业贸易发达。长干里一带，有不少从事贸易的
商人和从事水上运输的船户。

十里秦淮两岸是居民密集市井相连的繁华场所，
东晋时期，很多大家族所居住的乌衣巷即位于河畔，
大书法家王羲之父子也居住在这里。

《资治通鉴》记载："梁都之时，户二十八万。"
说明梁代时期有居民居住在十里秦淮两岸。

秦淮河北岸有"大市百余，小市十余"，商品按
种类分别由官府建立店肆。大市还备置管理机构，征
商税十分之一，成为朝廷财政的主要收入。士人经商
免交商税，这一规定使南朝士人经商大盛。

宋少帝刘义符在华林园亲自开店沽卖；齐东昏侯
萧宝卷设立市场，令做官者沽酒卖肉。宋孝武帝的几
个儿子都会做生意。在他们的带动下，买卖风四起，
各地官吏竞相投入，大做买卖。

来此通商的、交流文化的还有很多外国人，秦淮
河面经常停靠数以万计的船舶，国内外贸易交往十分

《资治通鉴》

简称"通鉴"，
我国第一部编年
体通史，是北宋
时期司马光主编
的一部多卷本编
年体史书，共294
卷。它以时间为
纲，事件为目，
从公元前403年写
起，至五代的后
周世宗显德六年
征淮南停笔，涵
盖16朝1362年的
历史。

**郡** 我国古代的行政区划单位之一。始见于战国时期。秦统一天下设三十六郡，后汉起，郡成为州的下级行政单位，介于州和县之间。隋朝废郡制，以县直隶于州。唐朝道、州、县，武则天时曾改州为郡。明清称府。

■ 十里秦淮风光

繁盛。这些外国商人，来自林邑、扶南、狮子国、天竺、波斯、大秦、日本等国和地区。

六朝时期，十里秦淮沿岸设有栅障，南北两岸行人靠渡船或浮航来往两岸。十里秦淮成为六朝时商业最繁荣的地方。

六朝时期，十里秦淮风光秀丽，景色宜人，朱雀门北至宫城宣阳门2500多米长的苑路，笔直无碍，绿树成荫。

范蠡修建的越城、三国时期修建的丹阳郡城、东晋宰相办公地东府城，坐落在淮水南北。

南京第一座佛寺建初寺及长干寺、道场寺，东西相望，还有东晋王谢大家族居住的乌衣巷，364年修建的号称"三绝"的瓦官寺，梁代修建的高达55米的瓦官阁以及杏花村等也沿线坐落于秦淮两岸。

如此众多的六朝名胜，吸引了很多文人雅士，

■ 秦淮河沿岸风光

如李白、杜甫、刘禹锡、李商隐、杜牧、罗隐。这些文人雅士络绎不绝地来秦淮游历，怀古探幽，借景抒情，写下了大量的名篇佳作，世代流传。

南宋时期，十里秦淮沿岸重建和新建了不少富有特色的建筑，秦淮河进入了新的览胜佳境，名士陆游、杨万里、辛弃疾、李清照等来此游历，也写下了许多歌颂秦淮的诗词名篇。

明清两代是十里秦淮胜景的鼎盛时期。

明代，秦淮河沿岸是南京手工业和商业的重要集中地。有3个"织锦坊"在镇淮桥附近。手工作坊多集中在镇淮桥、新桥至三山街这一地域，如毡匠坊、铜作坊、铁作坊、银作坊、颜料坊、弓匠坊、箭匠坊、鞍辔坊等。

进行商业活动的"廊"，有糖坊廊、绸缎廊、书铺廊、毡货廊、估衣廊、裱画廊以及丝市、米市、油市、花市、牛市、驴子市等。

词 一种诗的别体，是唐代兴起的一种新的文学样式。至宋代，进入到词的全盛时期。词最初称为"曲词"或者"曲子词"，是配合宴乐乐曲而填写的歌诗，词牌是词的调子的名称，不同的词牌在总句数、句数，每句的字数、平仄上都有规定。

明代时期，王公贵戚、达官显宦以及豪商巨富的府邸，大都分布在十里秦淮两岸。秦淮河畔舞榭歌台，琼楼玉宇。明代最著名的是秦淮春灯画船，素有"秦淮灯船甲天下"之誉。

清代初期的《板桥杂记》描绘道：

> 秦淮灯船之盛，天下所无。两岸河房雕栏画槛，绮窗丝障，十里珠帘。

盛夏之夜，秦淮河里画舫凌波，灯船穿梭，流光溢彩。

清代时期，随着贡院科举开科，万名举子云集十里秦淮，为这盛事服务的书肆、客栈、茶社便大量应运而生，商铺林立，并形成了各种各样的特色街道。夫子庙一带便成了江南人文荟萃之地。十里秦淮成为游览胜地。

清代康熙帝、乾隆帝下江南，都到过秦淮河，乾隆帝曾御笔为瞻园题写"瞻园"匾额。十里秦淮繁盛景况达到了高潮。

秦淮画卷

秦淮文化特色与形态

**阅读链接**

十里秦淮之称始于何时，史籍没有确切的记载，最有可能是在南唐之后，大致形成于宋代，明清时期延续。

宋代诗人马之纯在一首诗中首次写道："城中那有大川行，唯有秦淮入帝城。十里牙樯并锦缆。万家碧瓦与朱甍。船多直使水无路，人闹不容波作声。流到石头方好去，望中渺渺与云平。"

明末清初时，"十里秦淮"方才出现在一些诗文中，清代诗人王士禛的《秦淮杂诗十四首》写道："十里秦淮水蔚蓝，板桥斜日柳毵毵。栖鸦流水空萧瑟，不见题诗纪阿男"。

# 依水而建的秦淮河房

河房也叫"河厅"，意即河两边的房屋，特指南京秦淮河畔依水而建的房子。清代作家吴敬梓的《儒林外史》中有很多关于河房的描述。历史小说《白门柳》也多次提到南京秦淮河畔的河房，如余家河房、桃叶河房等。

■ 秦淮河畔青砖黛瓦马头墙

内秦淮河河房集中在内秦淮河两岸，是非常珍贵的历史文化遗存。史料记载：

> 秦淮河房，夹淮水而居，绿窗朱户，两岸交辉。夏月水漫，画船箫鼓，游兴至夜，为天下丽观。

秦淮河房的风格是随着历史的发展慢慢形成的，秦淮河房的建造最早可以追溯至孙吴时期。当时，吴的国君孙权在南京定都，并在秦淮河一带修建都城，秦淮河两岸也就出现了河房。

随着商业的发展，两岸逐渐繁华，旖旎风光吸引了很多文人骚客、达官贵人的目光。吴代之后，一些有钱人也开始到秦淮河两岸修建河房居住，比如东晋时期的王导、谢安等豪门大族就在乌衣巷附近临河修建宅院。

明代，明太祖朱元璋定都南京，秦淮河一带更是商贾云集。因为用作考试用的贡院修建在秦淮河畔，每年都有数万考生涌进南京，于是在贡院周边诞生了一大批书肆、客栈、茶楼，王公贵族、达官显宦纷纷在此盖楼建宅，秦淮河房越发繁华起来。

秦淮河河房的建筑风格和南京古民居房的建筑风格一致，有"青砖小瓦马头墙，回廊挂落格扇窗"的特点。

秦淮河河房的墙体主要都是清水砖墙，这和徽州建筑的粉墙黛瓦有着明显的不同。清水砖墙用料考究，加工精湛，运用材料天然的色彩、质感，产生落落大方的优美效果，又暗示主人的富足，而在细节上也非常考究。

秦淮的河房伸入水中，下面立着木桩或者石构件，上面筑轩、亭、阁、台。前门临街，后面临水，大多二进，或者三进，正房对河开大窗，临水的一进向河面挑出，凌波而立。

内秦淮河房与街巷、水体的平面布局的基本关系是：建筑一面直接临水，建筑与水体无建筑相隔，另一面临街巷。

■秦淮河畔的建筑

■ 江南贡院

这种平面布局，街巷和河道都是公共交通空间，但由于建筑直接临河，因此建筑与河道之间的河埠则为私人空间。另外，建筑与景观最为接近，视野开阔，景色美不胜收。

秦淮河房平面布局有徽派建筑的特色，但又与徽派建筑有很大的区别。传统徽州民居单体建筑平面结构是高墙围合的方形封闭空间，空间结构模式一般是前为正厅、后为内室，正厅前后均有天井。

平面布局以堂屋为中轴线左右对称，中间厅堂，两侧厢房，楼梯在厅堂前后或在左右两侧。

秦淮河房单体建筑平面结构虽然也是高墙围合的方形封闭空间，但其空间模式是前为内室，后为正厅。正厅面河开大窗，有的设有轩、亭、台等。

明代时期，上浮桥边，有明初豫国公俞通海建设的百猫坊，百猫坊沿河岸修砌，精致而整齐。

《古里秦淮地名源》记载："上浮桥位于升州路

大彩霞街南端，双塘路口，建于明初。"

秦淮武定桥南有蔡弁河房，堂阁精美，中间排列的盆花茂盛。武定桥以东，河房逐渐密集，北岸有王氏、梅氏河房。河房建筑坚固壮观，其上多有匾额和楹联，且多为达官贵人题写。

文德桥下有中山王徐府河房，壮丽无比。初建时，日夜赶工，种树移石，建筑速度很快，亭、台、阁、园皆具，而且不止一处。

过了学宫，两岸河房逐渐多了起来。每当乡试之年，四方应试者云集于金陵，河房也热闹起来。

过贡院，秦淮河南岸有齐王修建的河房，路边垂柳成荫，最适宜消夏。桃叶渡是十里秦淮著名的古渡口，浪漫风情的象征。从六朝时期至明清时期，桃叶渡都是繁华的代名词，这里河房林立。

■ 秦淮河畔

■ 桃叶渡石刻

**仙鹤** 寓意延年益寿。在古代是一鸟之下，万鸟之上，仅次于凤凰，明清一品官吏的官服编织的图案就是"仙鹤"。同时鹤因为仙风道骨，为羽族之长，自古被称为"一品鸟"，寓意第一。仙鹤代表长寿、富贵。传说它享有几千年的寿命。仙鹤独立，翘首远望，姿态优美，色彩不艳不娇，高雅大方。

桃叶渡河房多是达官贵人的河房。东晋以来，桃叶渡一带就是达官贵人的住宅区。

《秦淮文物史迹录》记载："明代都城北迁之后，桃叶渡成为达官贵人的游乐闹市。"

桃叶渡畔玉壶坊，原名"御河房"，曾是明武宗朱厚照南巡时在此观看灯船的水榭。那个时候小船往来如梭，喧歌达旦，彻夜不歇。

淮清桥南岸的河房，广轩巍阁，宏丽壮观。在东水关两侧有丁郎中河房、黄户部河房等。此外，在大中桥一侧有南和伯河房。复成桥及珍珠桥一带，则河房稀少。

清代时期，秦淮河房建筑承袭明代形制，有所建树，但规模不大。糖坊廊河房建于清代中晚期，是清代秦淮河房的代表，历史文化价值很大。糖坊廊位于南京城南中华门内镇淮桥西北，东南起自中华路，西北接长乐街，原名叫"灭街"，后为"篾街"，再后来，因设糖作坊，而且街道两旁建立官廊于此，故而得名。

据《南京文物志》记载：

> 糖坊廊61号陶宅，建筑平面呈菱形，有跑马楼两进，中间为内天井，后面河厅一进，为清代中晚期建筑风格。
>
> 跑马楼檐下栏板雕刻十分精美，多为戏曲图案，现保存完好，高大的封火山墙，在秦淮河畔尤显突出。

糖坊廊后面河厅一进临水，总面积约600平方米。跑马楼东南西北面檐下各分布三块雕花栏板，栏板上完整地再现了"桃园三结义"、"三顾茅庐"等场景。

楼下12扇花隔门的上半部，则刻有梅、兰、竹、菊"四君子"图案，以及麒麟、仙鹤、凤凰、猴子等象征吉祥如意的动物，图案雕刻逼真，而且个个不重样。

**阅读链接**

明代水师名将俞通海和两个弟弟俞通江、俞通渊，对水十分熟悉。三兄弟对首领朱元璋忠心耿耿，加之武艺高强，为朱元璋立下了汗马功劳。

朝里有人嫉妒俞家三兄弟的功劳。因为俞和鱼同音，朝里妒忌之人便向朱元璋提起"俞通江海"，暗指俞家兄弟有朝一日可能造反。

朱元璋有所惧怕，他找来谋士刘伯温一起商量对策。后来在刘伯温的建议下，朱元璋下令在俞家住宅前建造起一个石坊，上面刻了100只猫，百猫坊正对俞家大门，以此来破除俞家凝结的王气。

这就是明清时期百猫坊的来历。

# 历史悠久的秦淮古桥

■ 秦淮河上的文德桥

文德桥自古以来就是秦淮两岸的咽喉要道，历史悠久。六朝时期，文德桥所处的河面宽阔，建有浮桥，唐代开始建造木桥，随着朝代更迭，至1585年建成了石墩木架桥。

文德桥一名的来历，有人认为是为纪念孔子而命名的，实际上文德桥一名来自《诗经·大雅·江汉》中的一句诗："矢其文德，恰此四国。"主要是文以载德，取"文章道德圣人地"、"文德以昭天下"之意，是儒家思想的

■秦淮古桥

精髓。

文德桥畔两岸人家，悬桩拓架建成河房水阁，雕梁画栋，南北掩映。桥的四周春灯画舫集结在一起，箫鼓十里可闻。夜晚人们在这里乘凉，看明月，观桥赏月别有一番情趣。

相传，每年农历十一月十五夜晚，文德桥处有一奇景：天上满圆月，在桥头俯视，只见水中左右各映有半边月亮，这就是"文德桥上半边月"的奇观。

这时，人站在桥正中月光下看不见身影，但见月亮一边一半，因月很快横过文德桥，所以可以观看的时间很短。看时一定要平看，以桥影为准，不能太伸头。由于文德桥桥身略偏，所以，所见半边月一半稍大，一半稍小。

这个奇观曾吸引无数游人来此观赏。清代文学家吴敬梓客居南京时，曾漫步来到文德桥，见到了文德桥半边月奇景，赋诗道：

天涯羁旅客，此夜共婵娟。
底事秦淮水，不为人月圆。

九龙桥始建于明代初期，因原与通济门毗连，又称"通济桥"，长98米，宽13米。九龙桥有五拱，五拱分别坐落在四个棱形分水桥墩上，很是壮观。在晴日下，五拱大石桥如长虹卧波，曾有人赋诗写道：

玉石烁熠驾九龙，长虹如带偃晴波。

传说，明太祖朱元璋在修建南京城时，即着手建造此桥。由于这个地方位于内外秦淮交界处，水流湍急，桥一直没有建造成功，特别是在建造中间大拱时，常从桥下水中喷出一股毒气，使人无法靠近。

朱元璋知道情况后，在一天下午来到这里查看。查看之中，突然天昏地暗，雷雨大作，在闪电霹雳中，河中突然窜出一条青龙在追逐一股黑烟，接着从半空中落下一物掉入河中。

片刻后，雨过天晴，朱元璋命令人打捞落水之物，结果捞出一块大石头，上面刻着"辟邪石"。

朱元璋手下谋臣刘伯温建议将此石压载在桥身大拱内，这样可保这座桥及水关万世无恙。

朱元璋命令照这个建议处理。

■秦淮古桥

■ 南京秦淮河风光

桥很快修完了，由于有了这段插曲，就将这座桥取名为"九龙桥"。另外，在附近盖了一座"怀龙庙"，以作为对这件奇事的纪念。

武定桥原名"嘉瑞浮桥"，始建于南宋淳熙年间。这座桥恰好在王府后，因此命名"武宁桥"，后改名"武定桥"。著名的舟子洲位于武定桥的东侧。

史书记载，自513年以来，朱雀门东北面的淮水常涨水，舟行当时建康宫的太庙湾，于是称为"舟子洲"。武定桥东面，还有六朝时秦淮闻名的"二十四航"中的骠骑航。

武定桥畔是显贵府邸集中的地方，也是繁华的名胜和商业之区，景色如画，夜晚月色尤为诱人。很多文人骚客来此赏月观景，思古幽情，留下了不少诗篇。

明代诗人写道：

秋风又到秣陵关，独客穷途尚未还。
武定桥上新月上，朦胧遥望紫金山。

**青龙** 我国古代法力无边的四大神兽之一。以五行论，东为青色，故青龙为东方之神，又称"苍龙"。龙是中华民族的图腾，自黄帝授命于天，威泽四方，龙就成为中华民族的象征。传说青龙身似长蛇，有麒麟首、鲤鱼尾、面有长须、犄角似鹿、有五爪，相貌威武。

秦淮古桥

明代末期诗人顾梦游在《秦淮夕泛》中写道:

> 落日淡生烟,明影碧天。
>
> 人来花槛里,出板桥边。
>
> 杨柳风千树,歌月一船。

新桥与武定桥对称,是分别坐落在城东和城西内秦淮河上的千年古桥,新桥四周街巷如蜘蛛网密布,四通八达,是城西南隅交通的要冲。这里人烟稠密,集庆路、钓鱼台、船板巷、中山南路皆与之相连,一向为繁华之地。

新桥本名"万岁桥",因明代桥西有浙江按察使李熙居住,李熙人称"饮虹先生",因此,这座桥又名"饮虹桥"。《金陵古今图考》记载,这座桥出现于隋代,宋代屡次修建,故名"新桥"。

新桥净长22米,宽20米,三石拱。南宋留守史正志重修此桥时,还在桥上盖了几十间高大的房屋,即秦淮有名的桥棚,新桥显得十分壮观。

由于新桥附近商铺林立,而且又是数万工匠、居民、渔民居住之地,故市场繁荣。这里还是名胜官署集中之地,桥西南面有凤凰台、保宁寺、杏花村、瓦官寺等建筑。

新桥还是送亲友的地方，唐代岑嘉州写的万岁桥送别诗写道：

南行直入鹧鸪群，万岁桥边一送君。

闻道望乡听不得，梅花暗落岭头云。

七桥瓮又叫"七瓮桥"和"上方桥"，因桥有七瓮而名，为明初所造。桥长约100米，宽10多米，均取花岗岩和石灰岩为材，以糯米汁、桐油和石灰等黏结物、岩石砖纵连相扣砌置而成。由于石砖相扣严密，能有效抵消承载四方压力。

七桥瓮的七瓮排列整齐，分水桥墩成棱船形，两边各超出桥面数米。两头各镌以巨石雕琢的螭首龙身塑像，塑像神态各异，皆注视着河水，无畏地迎接洪水的冲击，有百折不挠、直前不屈的神情。每一"龙舟"都肩挑两拱，拱拱相连，结成一个整体。

整座桥梁仿佛坐落在六条人面龙舟上，在淮水中前进，活灵活现，很是壮观。为增强桥体抗御洪水能力，设计成七瓮这种独特的分水桥墩，不仅能减轻水对桥墩的冲击，而且端丽美观，古色古香。

在桥拱上方两侧，各有16只青面獠牙、怒目狰狞的桥翼，犹如古代殿宇飞檐上的兽吻，使石桥显得格外威风凛

■秦淮古桥

■秦淮河印月桥

凛，坚固雄伟。

七桥瓮是控制南北东西的要塞，桥下秦淮水如巨蟒，从西南蜿蜒而至，河畔村庄错落，两岸是万顷良田沃野，"屈曲秦淮济万家"之称名副其实。

镇淮桥位于中华门城里，跨内秦淮河南段，又名"南门桥"和"聚宝桥"。始由五代十国时期杨吴兴建，为南唐御街直达南门外长干里必经之道，与南唐正宫宫门、虹桥、南门皆在南北一条中轴线上。宋代时曾多次重建，

1169年留守史正志重建镇淮桥时，加宽3米多；1256年留守马光祖重修；两年后毁于火，又重建。因其位置重要，历代官府皆曾修缮。

镇淮桥原是木桥，后改为三孔石拱桥。改后的镇淮桥为花岗石雕凿石栏，古朴庄重。两侧花木蓊郁，桥侧灯彩装饰，夜晚流光溢彩。

朱雀桥原址在今镇淮桥处。三国孙吴时称"南津桥"，南朝时称"朱雀航"、"朱雀桥"，后又称"南航"、"南门桥"。

336年重建朱雀航，正对朱雀门。

378年，东晋宰相谢安置重楼和二铜雀于桥上，以朱雀观名之。

朱雀航在"二十四航"中规模最大，桥宽近20米，长近90米，是沟通南岸和北岸的主要通道。

自唐代以后，众多文人骚客纷至沓来，抒发怀古之情。唐代诗人刘禹锡《乌衣巷》中的"朱雀桥边野草花"诗句，使朱雀桥名声大噪，成为一座名桥。

赛虹桥又叫"赛公桥"、"赛工桥"，位于南京城西南集庆门外长虹南路上，是外秦淮河与南河交汇处丁字路口上的一座古老的石桥。

关于赛工桥，相传明太祖朱元璋修筑外郭城时，规定由内阁工部和应天府分段负责。应天府负责的工程竣工后，工程的费用没有用完，就用剩下的钱在驯象门城壕南河上造了一座桥，取名"赛公桥"，意即赛过工部的桥。

至于叫"赛公桥"，有这样一个说法，当年江南首富沈万三帮助明太祖朱元璋修建完内城南部三分之一段城墙和一半外郭城墙后，还有外郭城壕上几座桥

**兽吻** 屋顶正脊两端的装饰物，汉代称"鸱吻"，为尾部翘卷的鱼形，从元代开始鸱吻逐渐演变为龙吻，即以龙头装饰，张牙舞爪，咬住正脊，又称"吞脊龙"，为了防止龙吻"擅离职守"，逃归东海，又在龙头上插一把剑，死死地将其镇于屋脊之上。

■秦淮河风光古桥

御史 我国古代一种官名,自秦代开始,御史专门为监察性质的官职,这个官职一直延续至清代。实际上,御史不但负责监察朝廷、诸侯官吏的失职和不法行为,同时也负责保管朝廷的档案文件。

没有修好。但期限已经临近,沈家的儿媳妇为免遭受牵扯,劝诫沈万三一定要保证质量,防止官家验收时找麻烦。

她用私房钱雇佣一批精壮的工人,将工人分成两班,昼夜不停地赶建,最终在时间和质量上都超过了沈万三造的桥,因此给建造的桥取名"赛公桥"。

赛虹桥所处地区,自六朝以来,经历了繁华和萧条。东晋时期,赛虹桥一带是官办烧制砖瓦陶器的工场,名叫"南陶所"。

明弘治年间,应天府知府吴雄捐资重建赛虹桥,将其建成三拱石桥,从此赛虹桥成为南北通行的要道,行人南来北往络绎不绝,商贾桥上车水马龙,一派繁荣景象。

1529年,上元知县程三省在赛虹桥侧修筑了99间预备仓储粮。

1604年,南雍御史中丞余大成在赛虹桥畔建竹西书院,给赛虹桥地区增添了文化品位。

康熙年间,江宁府重新扩建赛虹桥。扩建后的赛虹桥桥体宽50多米,分水桥墩长60米,桥洞拱券高近9米,是当时少见的三拱大石桥。

长干桥位于中华门外,

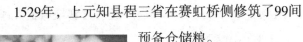

■ 秦淮河微缩景观

跨外秦淮河。长干桥始建于南唐时期，为南唐时期宫御街直达城外长干里的必经之道。南宋咸淳年间，户部尚书马光祖重建，更名"长安桥"，为五拱大石桥。

明代初期复建，又名"聚宝桥"。清代历次修缮。

古长干桥是秦淮水陆码头交会之处，前临古长干里、长干寺塔、雨花台，后倚南门、镇淮桥。

古长干里是南京古城交通、商业、佛教的聚居地，历来为繁盛之区，沿河风景如画。长干桥边柳树成行，绿荫成片，明代初期朱元璋大臣刘伯温有诗写道：

> 长干桥边杨柳枝，千条万条郁金丝。
> 长干桥畔柳荫浓，来往烟波送夕阳。

修缮后的长干桥成为如画美景中的画中之画。

**阅读链接**

据说，文德桥上半边月奇观与大诗人李白有关。李白晚年经常来秦淮地区，秦淮地区到处都留有他的踪迹。

一次，李白来到文德桥旁边的酒楼上喝酒，这一天恰好是农历十一月十五，李白一边赏月喝酒，一边吟诗作赋。

明月的迷人清辉和秀丽如画的秦淮河，让多情的李白夜不能寐，它趁着酒兴来到文德桥上观赏夜景。其间河面清如明镜，李白扶着桥栏下望，忽然发现月亮掉在水里了，水波一动，皓月上就添上了几道黑影。

李白酒意朦胧，见月亮给弄脏了，急得连靴子都顾不上脱，就张开双臂跳下桥去捞月亮。月亮被震成了两半，左右各有一半。从此，每到农历十一月十五夜，文德桥下左右各有半边月，李白喝酒的酒楼也因此命名为"得月楼"。

# 大气磅礴的南京古城墙

南京古城墙是南京明城墙的一部分，指南京城内的古城墙。

南京明城墙1366年始建，1386年建造完成，历时21年。明城墙是明太祖朱元璋下令修建的，是明太祖朱元璋定都南京的产物和象征。

南京明城墙不遵循古代都城取方形或者矩形的旧制，设计思想独

■南京明城墙

南京城墙神策门

特、建造工艺精湛、规模恢宏雄壮。它东连石头城，南贯秦淮区，北带玄武湖，将历代都城都囊括其中。

从内到外由宫城、皇城、京城、外郭四重城墙构成。京城墙在南京城内，蜿蜒盘桓达33千米，而外郭城周长超过60千米。

为了建造南京城墙，朱元璋曾下令5个行省、20州、118县烧制城砖。为了保证质量，每块砖上都要打上烧制的州、府、县及工匠和监造官员的姓名，如不合格一律退回重做，再不合格就将治罪。

这些城砖长四五十厘米，宽20厘米左右，厚度不少于10厘米，其总数约为3.5亿块。

南京城墙依山就水，弯曲盘绕着城池。其中尤以狮子山一带最为特别，城墙筑到这里，为了将狮子山纳入城内，于是城墙绕着山而建，使得城池在这里突出了窄窄的一块。

南京城墙垣顶均用砖铺道，城以花岗石为基，巨砖为墙。城墙所用的石灰岩和花岗岩采自南京附近诸山，砖和砖、砖和石之间连接用的灰浆是用石灰、桐油和糯米汁等原料合成。

城墙墙顶用砖砌成"雉堞"。雉堞就是城墙顶部靠外一侧的锯齿

**垛口** 城墙上呈凹凸形的短墙。垛口一般高两米左右，是战斗人员瞭望敌情、射击敌人时掩护自己用的。垛口上部砌有一个小方洞即瞭望洞。瞭望洞的左右侧面砖呈内外八字形，是为了便于瞭望敌人，又不易被敌箭射中。下部砌有一个小方洞，是张弓发箭的射孔。

状矮墙，作用是掩护人体。

城墙填层上部，采用桐油、石灰、黄土拌和的灰浆封顶夯实，厚约一两米，在其上面和沿墙体两侧直至墙根用灰浆砌筑五至十层城砖。

城墙墙体顶面设置了石质排水明沟，在其明沟约50米处设置石质出水槽将水排出。城区的防、排水系统，主要利用城墙底部设置的水关、涵闸来完成。

南京城内的古城墙有城门13座，水关两座。城墙上有垛口约有1.3万个，窝铺200座，在城的中央还建有钟楼和鼓楼。13座城门的上部，都建有高耸的城楼。

城门是城墙的重中之重，在设置时，设计者不拘泥于方位对称、距离对等的传统古制，而是从实地和实战要求出发进行设置的。

在城东设朝阳门，城南设正阳门、通济门、聚宝

■南京城墙

门，城西设三山门、石城门、清凉门、定淮门、仪凤门，城北设了钟阜门、金川门、神策门、太平门。

清代作家吴敬梓在他的《儒林外史》中，把南京的13座城门，按逆时针方向编成了顺口溜：

三山聚宝临通济，正阳朝阳定太平，

神策金川近钟阜，仪凤定淮清石城。

这13座城门中，在军事上占有险要位置的城门都建有数道不等的瓮城。聚宝、通济、三山三门各有三道，石城门为两道，神策门为一道。

在13座城门中，聚宝门最为雄伟。聚宝、三山和通济三座城门各有城墙四道，每两道之间的空间即为"瓮城"，可作为战时的防守之用。

聚宝门是这些城门中最坚固的一个，有"藏军洞"的特殊设施。

東水關遺址

■ 南京明城墙东水
关遗址

藏军洞实际上就是里端封闭的砖券门洞，在战时可供兵士休息和用来存放军事物资。

聚宝门共有这种藏军洞27个，第一道城门左、右各3个，城门上的楼基共设7个，均坐南朝北，以城基中洞为最大，面积达310平方米；东西礓下面各设坐西向东和坐东向西的藏兵洞7个。

这些藏兵洞平时用作储藏守城器械和军用物资，战时藏兵。每洞可容纳兵士100人以上，共可藏兵达3000人以上。

聚宝门后改为中华门，是南京古城墙中最雄伟、最重要的一个城门，也是与秦淮河关系最紧密的一个城门，因与聚宝山相邻而得名，又因其形似陶瓮，又称"瓮城"。

聚宝门是在原南唐都城正南门的基础上扩建而成，它前临外秦淮，后倚内秦淮，两水夹之。城门前

**瓮城** 是为了加强城堡或关隘的防守，而在城门外或者在城门内侧修建的半圆形或方形的护门小城，属于我国古代城市城墙的一部分。瓮城两侧与城墙连在一起建立，设有箭楼、门闸、雉堞等防御设施。

后正中各有古长干桥和镇淮桥通之，成为古城要隘。

聚宝门由四扇城门、三座瓮城组成。聚宝门东西宽118米，纵深129米，高达21米，占地总面积约16500平方米。聚宝门的门洞为拱式门洞，是用岩石砌叠而成的。砌叠整齐，弯曲如虹。

每座城门都有内外两道门，外面一道是从城头上放下来的"千斤闸"，具有坚固的防御作用，里面一道则是木质再加铁皮做成的两扇大门。在平时，行人车马都从城门洞里通过。

在秦淮河出入口处建有东水关和西水关，水关设有闸门三道，前后两道为木闸门，中间设铁栅门以防潜水入城的敌人。东水关内侧还设有33座瓮洞，分为三层，上面两层为藏兵洞，下层通水，中洞可通船。

此外，在玄武湖、前湖、琵琶湖、秦淮河中段出入口处设有涵闸。闸一般为铜或铁质，正方形，五孔，边长约一米，内接铜或铁质涵管，直径约一米，闸口还设有铜或铁质栅棂。这些涵闸只能进水不可进人，设计巧妙、结构合理。

**阅读链接**

南京明城墙的大多数城砖留有铭文，少则一字或一个符号、记号，多则70余字。

南京城砖铭文的书写者，大致可分"书斋式"与"民间式"两类。前者属官府内的官吏文人、乡间的秀才，其字体流畅工整，点、撇、勾、捺极具文人气息；后者属于粗通文墨、甚至没用笔写过字的工匠，当砖坯出模后，只是拣了身边的一根小树枝，在砖的一侧小心翼翼留下所在县、甲以及自己的名字，稚拙的字体上透出些村野之气。

城砖铭文的字体，篆、隶、魏、楷、行各体皆备，其中有一种书体十分特殊，，一笔一画不扭不颤，它不属于上面所说的几种字体，而是来自民间的书法艺术。所有的铭文，折射出谨慎与虔诚，强烈而鲜明。

# 宏大的夫子庙建筑群

夫子庙位于秦淮河北岸，始建于宋代，是一组规模宏大的古建筑群，原先是供奉和祭祀孔子的地方。此外，夫子庙还是我国最大的传统古街市，是秦淮文化的主要载体和重要的展现窗口。

夫子庙建筑群具有清代建筑风格和曲阜孔庙的特点，主要由孔庙、学宫和贡院三大建筑群组成。占地广阔，20000多平方米，庙的四周围以黄墙，配以门坊、角亭。

整组建筑严格按照中轴线对称排列，以大成殿为中心，从照壁至卫山南北成一中轴线。建筑群由大照壁、泮池、牌坊、奎星阁、聚星亭、棂星门、大成门、大成殿等构成。

宫殿正门采用大形体建于高台上；正门以

■ 夫子庙建筑群

■ 南京夫子庙

内，沿着纵轴线布置孔门四科言偃等八先哲塑像、两庑碑廊和中心庙院，组成有层次、有深度的空间。

夫子庙是在东晋时期学宫旧址扩建而成。古时孔庙属于朝廷祀典内容之一。孔庙的特点是庙附于学，和国学、府学、县学联为一体。庙的位置或在学宫的前部，或偏于一侧。

南京夫子庙是前庙后学的布局。古时的孔庙有一定的布局。一般前设照壁、棂星门和东西牌坊形成庙前广场，棂星门前设以半圆形水池，称为"泮池"。

夫子庙的大照壁位于秦淮河南岸，建于1575年，全长110米，高达10米，赭红色，庄严巍峨。照壁垣顶置小圆筒青瓦，鸱吻衔壁脊，四角小翘，是典型标准的明清时期大照壁。

明清两代往往在庙宇和大型衙署的正门外建照壁、牌坊等，作为整个建筑组群的序幕，以作为遮蔽

**牌坊** 过去为表彰功勋、科第、德政以及忠孝节义所立的建筑物，又名"牌楼"，也有一些宫观寺庙以牌坊作为山门的，还有的是用来标明地名的。牌坊也是祠堂的附属建筑物，昭示家族先人的高尚美德和丰功伟绩，兼有祭祖的功能。

■ 泮池

和装饰之用，给人一种庄严雄伟之感。

泮池是孔庙的特有形制。岸北为石栏，石栏全是用整石雕琢而成，是1514年所建。石栏方形望柱栉比，如玉纹装饰，栏壁中间雕镂成如玉形空花窗。

泮池成月牙形，所以也称"月牙池"，其长宽皆约60米。它右连文德桥，左邻文源桥，桥影落水，宛如两道跨涧的飞虹。秦淮河水横穿泮池间。

奎星阁是夫子庙古建筑组群中著名的古迹之一，位于泮池东面，又名"文星阁"，科举时代是士子们夺魁的象征，颇负声望。

奎星阁始建于清乾隆年间，道光时期曾重修，后被毁，同治年间再度重建。

奎星阁内塑有一个鬼形的神像，一脚向后跷起，形如"魁"字的大弯钩；一手捧斗，象征"魁"字中的小斗字；一手执笔如点状，以示点中了中举的士子。这就是传说的"魁星点斗"。

科举时代，据说魁星点斗为文运兴旺之兆，于是取"魁"字字形的会意，在阁内塑造了这么个似鬼似神的塑像。清代士子们对这座"魁星"像毕恭毕敬，

**篆字** 大篆、小篆的统称，也称"篆书"。大篆指甲骨文、金文、籀文文字，它们保存着古代象形文字的明显特点。小篆也称"秦篆"，是秦代的通用文字。大篆的简化字体，其特点是形体匀逼齐整、字体较籀文容易书写。在汉文字发展史上，它是大篆由隶、楷之间的过渡。

每当秋闱开考之前，朝拜者络绎不绝。

棂星门由三座单间石牌坊组成，石坊之间墙上嵌有牡丹图案的浮雕，中间石坊横楣刻有"棂星门"三个篆字，造型朴实无华。

棂星门前临水端立着一座高大的牌坊，宽18米，坊顶置天楼，斗拱翘檐，青瓦压脊，坊柱丹紫，坊额青底金字"天下文枢"。牌坊巍峨壮美，始建于1586年，后被毁。

位于棂星门西边的是聚星亭，是一座八面二层的古亭，重檐六角。棂星门东边是思乐亭，后移走。

棂星门其后即孔庙的正门大成门。大成门是大成殿的守护大门。大成门坐落在长方形石灰岩置砌的台基上，前后各置有台阶上下。门前后各有褐色四檐柱，两面黄山墙，雕琢着明式卷花图案的朱红梁枋交错有致。

■南京夫子庙棂星门

■ 南京夫子庙

磬 是我国古代石制的一种打击乐器。磬的质地也从原始的石制进一步发展有了玉制、铜制的磬。磬最早用于先民的乐舞活动，后来用于历代帝王、上层统治者的殿堂宴享、宗庙祭祀、朝聘礼仪活动中的乐队演奏，成为象征其身份地位的"礼器"。

明清时期，大成门为五间，两侧为耳房，供执事人等休息之用。中为三门，门内陈列戟，东设鼓，西置磬，每逢朔望朝圣和春秋祭典，府县官员由大成门进，士子执事人等分走旁门。

大成门屋顶为重檐歇山顶式，圆筒瓦压脊，斗拱飞檐，四角嫩戗晕飞，屋顶满布各种雕饰，显得气势雄浑，华丽多姿。

大成门内左右分列着四通石碑，分别是刻于484年的《孔子问礼图碑》；刻于1330年和1332年的《集庆孔子庙碑》《封至圣夫人碑》以及《封四氏碑》。

原夫子庙的主殿大成殿为七间，高16米，阔28米，深21米。重檐歇山顶。殿内正中为"大成至圣先师孔子之神位"牌位。

主殿前有宽敞的露台，四周绕以石栏板。殿前两侧有廊庑相连，是供奉孔门七十二贤人和历代大儒及存放祭器的地方。

大成殿上覆黄琉璃筒瓦，斗拱飞檐，红墙朱栏，殿内天花藻井，刻画群鹤，雕琢精致。

学宫位于大成殿后，学宫始建于东晋时期。孔庙院墙和学宫之间，东西北三面有宽敞的甬道相通，其中东甬道是学宫的正门，门额有朱底黑字学宫匾，门外设有高大的牌坊，上书"江南第一学"。

牌坊正反面各记有江南明清时期历届文科和武科状元、榜眼和探花的姓名，左右环置木栅栏。

学宫由明德堂、尊经阁、青云楼、崇圣祠等庭院建筑组成。明德堂坐北朝南，是学宫的主体建筑，有"东南第一学"的称号。科举时，秀才每月逢朔望都到这里听训导宣讲。

明德堂由学府和主堂组成，学府内两侧33米长的厢房及回廊，采用与外界隔绝的封闭式。整个建筑构

**卷棚顶** 我国古建筑屋顶形式之一，为双坡屋顶，两坡相交处不做大脊，由瓦垄直接卷过屋面成弧形的曲面。卷棚顶屋面前坡与脊部呈弧形滚向后坡，具有一种曲线所独有的阴柔之美。卷棚顶形式活泼美观，一般用于园林的亭台、廊榭及小型建筑上。

■ 南京传统建筑

造古朴庄重。主堂占地约630平方米，屋顶是不带挑边角的卷棚顶，槛门格窗典雅大方，后面檐下有回廊，廊顶成轩制。

尊经阁在明德堂后，始建于明嘉靖年间，为上下两层各五间，清代嘉庆时期曾在此设尊经书院，楼上藏书，楼下讲学。尊经阁东面为崇圣祠和青云楼，崇圣祠是祭祀孔子父母的地方。

贡院位于学宫东侧，始建于1168年。它是当时建康府、县学考试的场所，范围很小。明太祖朱元璋建都金陵，集乡试、会试于此，考生众多，至明成祖永乐年间在此重新兴建，贡院始具规模。

清代道光年间曾重新修建。同治时期又重扩建，范围更大。贡院东起今姚家巷，南至贡院东等和贡院街，西至贡院西街与夫子庙隔街相望，北至建康路。整个贡院成正方形，内有号舍20000多间，一人一间，每次考试可容纳20000多人。

贡院正门在永和园及秦淮剧场之间。大门外街东、西各有木牌坊一座，即东、西辕门。大门外东西有石狮子一对及两座石牌坊，轴线上有门三道，分别称"贡院"、"开天文运"及"龙门"。

龙门后依次有明远楼、至公堂及戒慎堂。堂后有门，门后有飞虹

■江南贡院内部布景

桥。最后为衡鉴堂，是主考官阅考卷、评定名次的地方。整个贡院四周围以高墙，墙外为街道，街道另一边为店铺民居。

明远楼始建于明永乐年间，清代道光年间重建，是平面正方形，三层木结构建筑。底层四面为墙，各开有圆拱门，四檐柱从底层直通楼顶，梁柱交织，四面皆窗。登临四顾，整个贡院一目了然。它是考试期间考官和执事官员警戒、发号施令的地方。

江南贡院

阅读链接

各地文庙的明德堂都叫"明伦堂"，只有南京夫子庙的叫"明德堂"，相传有这样一个故事：

1276年，文天祥来到金陵，正赶上金陵整复夫子庙的明伦堂，骚人墨客便邀请文天祥来题写匾额。文天祥题写匾额的这一天，夫子庙人群熙攘，人们纷纷前来目睹文天祥的墨宝。

文天祥泰然自若来到后，挽起长袖，正准备润墨挥毫，突然愣住了，原来他嫌大楷羊毫笔小，恰好有一个看热闹的老人手里拿着一把刚买的刷锅的小筈。

文天祥便借了过来，用小筈蘸饱了油墨，站在横匾旁，挥筈疾书，一气写下了3个字，字字雄厚，骨力开张，顿时赞赏声四起，人们定睛一看，发现明伦堂变成了"明德堂"。就这样，明伦堂变成了"明德堂"。

# 妙境美景的典雅瞻园

瞻园是南京历史最久的一座园林，有600余年的历史，以北宋时期文学家苏东坡诗"瞻望玉堂，如在天上"命名。其位于秦淮夫子庙西侧，面积约20000平方米，共有大小景点几十处。

瞻园布局典雅精致，美妙多姿，有宏伟壮观的明清时期古建筑群，闻名遐迩的北宋时期太湖石，有清幽素雅的楼榭亭台，完美呈现出一幅深院回廊，奇峰叠嶂，小桥流水，四季花香的美丽画卷。

瞻园蕴藏着几百年深厚的文化内涵。瞻园始建于明代初期，原是

■瞻园美景

中山王徐达的西花园，被称为"魏公丽宅之西园"，因与位于集庆路鸣羊街原"凤台园"之称的"西园"相混，才将其易名为"西圃"。

清代嘉庆《江宁府志》记载："魏国公第中西圃，盖

■ 瞻园内景

出中门之外，西穿二门为堂，堂后为当赐第初，皆织
室……"可见，这个时候，瞻园空地还没有成园。

明正德年间，徐达的七世孙太子太保徐鹏举将其
修成园圃。明万历中叶，九世孙嗣国公徐维志大兴土
木，因山筑基，流引为沼，建堂造亭，挖池叠山，
"购四方奇石"，自此，瞻园以石胜，成为瞻园的主
要特色。

瞻园园内计有：伏虎、仙姑、明通、垂云诸石
洞；有友松、倚云、长生、卷石、凌云诸石峰；还有
石坡、梅花坞、抱石轩、老树斋、翼然亭等，集园林
之胜。

1645年，瞻园成为江南行省左布政使署。清代乾
隆帝巡视江南，游览此园，并御题"瞻园"匾额。

实际上，瞻园之名，在这之前就已经有之，乾隆
皇帝非常喜爱瞻园的布局与建筑，他回京之后，命工
匠于西郊长春园中仿其风格筑一小园，并因其形如瞻

**布政使** 我国古
代官名。明代初
期，于各地置行
中书省。1376年
撤销行中书省，
以后陆续分为13
个承宣布政使
司，每司设左、
右"布政使"各
一人，为一行省
的行政长官。清
代时，布政使专
管一行省的财赋
和人事，与专管
刑名的按察使并
称两司。

园起名"如园"。

乾隆年间，瞻园进行了较大的整修，景观达到全盛时期。《瞻园图》记载："层台累榭，甲于东南"，"仲夏寻胜迹，两邦名士醉瞻园"。王世贞、袁枚、姚鼐等名家学士，都曾在这里赏景饮酒，赋诗歌咏。

瞻园以山石取胜，假山为全园的主景和骨干，全园有南、北、西三座假山。以西部土堆假山为制高点，岁寒亭、扇面亭隐在香樟、女贞等常绿乔木形成的"城市山林"中，漫步于林中曲径或置于亭中小憩可享林泉之乐的雅趣。

南假山由绝壁、主峰、洞龛、山谷、水洞、瀑布、步石和石径组成。置于东南的主峰近10米高，呈危崖形。临池绝壁高7米，长10米。为减少绝壁的叠石厚度，平面向里凹，立面呈龛状，外口收小成两墩，既起扶壁的作用，又增加了山的深度。

轮廓处理上巧妙地用运了矮山伴高山，既增加了景深，又添加了层次，虽然主峰距静妙堂水榭只有22米，却有虽近似远之感。

为强化造景艺术效果，龛顶还悬钟乳石，崖顶侧再设一人工瀑布，整个洞窥形成悬石重重，深邃幽黝，池水蜿蜒而入，宛如天然溶洞。

山前池畔、溪涧多植花草、灌木、藤萝，以免遮挡观赏视线。山后黑松成林并兼以红枫、银杏点缀其间，这样既可形成古木参天的山林气氛，又有四季色彩的对比与变化。

北假山为明代遗物。它以土为主体，用太湖石驳岸，以防西山下的小溪冲击后水土流失。那石头犹从土中长出，充满自然野趣，山留一洞口，供游人涉足探幽。

西山上为赏景而设的两个亭子，除南假山的"岁寒亭"外，还在原建铜亭的位置处补建了一亭，因形同折扇，故名"扇面亭"。四周种有长青乔木，绿意浓郁，苍翠欲滴，环境幽雅，山林宁静，游人至此，仿佛步入仙境。

园中奇石"仙人石"据说是宋徽宗"花石纲"的遗物，具有湖石的瘦、皱、透、漏的特点。其他名石还有倚云峰和童子拜观音。

倚石峰形状像一位怀抱婴儿的仙女，亭亭玉立地斜倚在云彩之上。童子拜观音高9米有余，玲珑剔透，巍然屹立，形如一尊观音菩

瞻园普生泉边的岁寒亭

■瞻园静妙堂内景

萨。它的前方右侧有一小块石头和它相映衬，形如观音身边的童子。石上还刻有明代正德年间的一首七律，写道：

> 高插三峰水一湾，遂初园景足悦颜。
> 绿荫绕屋参差树，翠黛连云远近山。
> 石有苔藓遗古迹，门无车马远尘寰。
> 旧时事业今尤盛，剑复归兮璧复还。

清代名士姚鼐作有《咏松石歌》写道：

> 昔有淮肥帝王起凌江东，金陵始建吴王宫。
> 苍松白石传是宋元蓄，位置乃在西园中。
> 是时招来天下雄，游赏时与匹士同。
> 谋后纷论史述不可尽，故物蠹立皆英风。
> 蒋山南徙新宫卫，松石遗在中山第……

**七律** 律诗的一种。律诗是我国近体诗的一种，因其格律严密，故名。起源于南北朝时期，成熟于唐代初期。每首诗为8句，中间两句必须对仗。第二、四、六、八句押韵，首句可押可不押，通常押平声。分五言、七言两体。七字的称"七言律诗"，简称"七律"。

山与水是园林不可或缺的两个构成元素。瞻园是山石为主、水为辅的山水园林。瞻园水面以聚为主，以分为辅，组成不同的景区。静妙堂是全园的中心。

静妙堂是一座面临水池的鸳鸯厅，小青瓦压脊，绀青檐柱栉比。鸳鸯厅用罩、隔扇、屏门分隔成前后两部分，外观明快雅淡。临水栏杆如座槛，并置有古雅的鹅颈椅式的靠背护栏。

静妙堂将全园分成南北两大空间，并置有南北两大水池。南水池紧接静妙堂南沿，略呈葫芦形，靠近建筑一面大而南端收小。北水池空间比较开阔，曲折而富变化。东临边廊，北濒石矶，西连石壁，南接草坪。

在静妙堂的西侧，有一泓清溪沟通了南北两大水池，使南北两个格调鲜明的空间有聚有分，相互联系。

南北两池均紧傍陡峭雄崎的南北假山，更平添了山的巍峨峥嵘气势。广阔明镜的水面与池周的山林亭榭交相辉映。池面采用开与合的对比手法，取得"小中见大"的艺术效果。

■瞻园凉亭

建于水面的双曲桥置于北池的西北角，即可增加游览趣味，又在广阔中含蓄深幽；北池的西南角置一水涧，涧之两岸土石结合，错落有致，水面有收有放，犹如天然溪流。

涧的南面有一孔湖石桥，即为观赏路线所需，又将水面划分，尤其是湖石桥与两岸叠石浑然一体，宛如天然生成。

■瞻园内古建筑

秦淮画卷

秦淮文化特色与形态

　　瞻园植物以常绿树为主，落叶树为辅。在厅、堂、轩、馆附近，植以姿态优美、树身高大的乔木，如静妙堂东侧有明清时期留下的女贞树，对建筑物起了很好的烘托作用，构图效果较好。

　　牡丹院内栽有紫金锭、红枫、腊梅、山茶、杜鹃作为陪衬，而将牡丹栽在高台之上，以突出"花中之王"的身份。

　　为延长花期又续栽了同科花卉芍药，每至春季，牡丹、芍药，花大色艳，此落彼开，次第竞艳，总引得蜜蜂蝴蝶在花丛中飞舞。其中有棵紫牡丹，名冠"绛纱笼玉"，已有百余年历史。

　　花木配置因地制宜。假山前宜多植花草、灌木、藤萝、金银花、蔷薇，山后多栽铺地柏、黑松与红枫等常绿树木，可以调节山石单调的色彩，增添山林质朴浓郁的意境，池塘岸边多插柳，伴以垂丝海棠与迎春。

　　春景可观"绿柳夹红花"，秋景可赏"残柳悬明月"。园内有棵名贵的香橼树，春季银花满枝头，入秋金果一串串，放入果盘置于厅轩，满堂香气弥漫，可谓色香皆备。

　　静妙堂东侧圆门旁的紫藤树，盘根错节，宛若苍龙飞舞。棚架上繁花似锦，紫色小花一串串下垂，微风吹拂，香气袭人，令人心醉。

海棠院内，西府、木瓜、贴梗、海棠皆具。

园内还植了山茶、玉兰、石榴、丁香……厅堂轩馆的花几上则有石腊红、采子兰、扶桑、茉莉、瓜叶菊、玫瑰、月季等花卉。

瞻园庭柱上有一副著名的楹联，曾引起无数文人游子的咏叹和赞美，对联是：

> 大江东去，浪淘尽千古英雄，问槛外青山，山外白云，何处是唐陵汉寝？
>
> 小院春回，帘卷起一庭风月，看溪边绿树，树边红雨，此中有禹日尧天。

据说，上联是明代初期中山王徐达当年酒后自题，他将仰慕汉武帝、唐太宗的雄才伟略之情隐含在对联中。写好上联后，徐达却苦思不得下联，于是悬重金征求下联。

■瞻园内美景

■瞻园里的绿植

　　有一位书生来此拜访徐达，游历完瞻园后，见联触景生情，针对上联豪迈的气概，从瞻园的小景入手，对出了下联。下联中潜藏着华夏乾坤数千年，气度更加恢弘。

　　徐达看过十分高兴，一边令人摆宴招待，一边令人将对联镌刻在庭柱上。

阅读链接

　　瞻园里有块"雪浪石"，上刻"东坡居士手书"。这块雪浪石宛若一团雪花，经过阳光自东向西的照射，渐渐融解成大小不同的若干溶洞。石之反面，则形成一条条斜纹，恰似一道道起伏的雪浪。

　　此石可供四面观、五面看石上的涡洞与斜纹的透视感和动态感，构图与方向均有虚实变化，每个剖面都迥然而异，每个转折都给人一个新的景观，古朴典雅，耐人寻味。

# 巧借自然美景的愚园

愚园位于凤凰台的东南面，是一座清代后期南京最著名的私宅园林，它前临鸣羊街，后倚花露岗，因园主名叫胡恩燮，所以这家园林俗称"胡家花园"。

我国历代士大夫都有亲自主持兴造自己别业的风雅传统。胡恩燮生性喜欢游历，一生游历了大江南北，他深谙园林造景，结合江南传统的造园法，经两年精心设计构筑，建成了这座名闻江南的名园。

有人评曰：

楼台亭阁高下曲折，运以新意；一花一石亲自经营，有幽苦明题之致，使人游其中，如身在画中。

■园林景色图轴

**苏州园林** 江苏
苏州山水园林建
筑的统称，又称
"苏州古典园
林"，是中华园
林文化的代表。
苏州园林以私家
园林为主，起始
于春秋时期吴国
建都姑苏时，形
成于五代，成熟
于宋代，兴旺鼎
盛于明清时期。
主要有沧浪亭、
狮子林、拙政
园、留园、网师
园、怡园等。

愚园是胡恩燮就地貌特征创造构筑的杰作，我国古典园林布局的传统是"巧于因借，精在体宜"，"虽由人作，宛自天成"，要"因地制宜，不拘成见"，愚园的园林布局正是遵循了这样的理法。

《白下愚园集》记载："就其地之夸者为也，高者为亭，平旷者为台榭，叠石为峰峦洞状，环以花药竹树"。

如从园内青延阁上畅览，可见"高阁对钟山，山色上衡宇；日夕气尤佳，乱峰青可数"；可谓"纵目四面多烟鬟，恍若置身霄汉间。"其内外景观气势要胜过苏州园林。

愚园最早是明代徐达后裔魏国公徐甫的西园，传给其子徐天赐后进行了重修，建有凤游堂、心远堂、小沧浪、芙蓉沼、来鹤亭等，规模很大，尤其水石集一时之胜，有镇园之宝宋仁宗时的"六朝松石"。

徐天赐的西园传至三子锦衣卫指挥使徐继勋，后该园被徽州一个有钱的商人买去。

■ 清代江南园林模型

明代万历年间，进士、兵部尚书吴用先来南京时将其买下，又对其进行改造，建成葆光堂、澄怀堂、荼蘼廊、南轩、桐舫、飞虹阁、梅岭、柳堤等十多处景点。

六朝松石仍为西园闻名胜迹，故园又称"六朝园"。

■ 江南园林

胡恩燮在买下这块故园后，精心建成"三十六景"，并赋辞写道"人笑愚公愚，构园如移山。大智莫若水，名愚岂其计。"

胡恩燮是在自己仕途得意时急流勇退的，人笑其愚之，胡恩燮便以"大巧如拙，大智若愚"而将这座园林命名为"愚园"。

愚园南北长约240米，东西约百米，面积约两公顷，园中有一湖，称为"愚湖"。愚园由住宅区和园林组成，住宅集中在东北隅，为两进两路，"因高就下，置亭馆数十所。"

"历房廊至正厅，厅三楹，厅后叠石为山，据地不及亩许，而曲折回环，出人意表，且有亭台可憩。"

"山巅有合抱之古松，数百年物也。松旁有古石矗立，为六朝遗迹。山之背，竹篱茅舍，鸡犬桑麻，名曰城市山林。"

**进士** 我国古代科举制度中，通过最后一级中央政府朝廷考试的人称为进士。是古代科举殿试及第者的称呼。意思是可以进授爵位的人。隋炀帝大业年间始置进士科。唐代也设此科，凡应试者称为举进士，中试者都称为进士。元、明、清时期，贡士经殿试后，及第者皆赐出身称进士。

秦淮画卷

秦淮文化特色与形态

鹿 在古代被视为神物。古人认为，鹿能给人们带来吉祥幸福和长寿。作为美的象征，鹿与艺术有着不解之缘，历代壁画、绘画、雕塑、雕刻中都有鹿。现代的街心广场，庭院小区矗立着群鹿、独鹿、母子鹿、夫妻鹿的雕塑。一些商标、馆驿、店铺扁额也用鹿，是人们向往美好，企盼财运兴旺的心理反映。

"又有鹿栅一，孔雀栏一。"还有一幽房小院落，以回廊相通。

胡恩燮的后人精心绘制了一幅愚园的全景云布彩色地图，图长约一米，宽0.3米，详细标绘了所有建筑和景点，这幅图由胡家五代先祖绘制了近8年，临终时方完成。

图从右上角柴扉开始，厚重的大门，经长长的回廊进入房宅，内有吟诗作对的"诗世界"，织锦的"小楼霞"。最奇特的是冬暖夏凉的"空调房"，盛夏能将湖中的水从水塘引水到房顶降温，冬季旺炉暖屋，这是金陵园墅中所罕见的，这所住处为老人长辈居所。

园林区由南部的内园主景区和中部的内园组成。

内园中心以太湖石"叠石于庭，鼎峙而壁立，环峰为洞"，幽深而缭曲，虽咫尺之地，但具有千岩万壑的壮美气势。

假山南有月台水阁，清远堂兀然拱立在池岸上，这里白莲翠盖，一望无际，形成"两堤垂柳、镜里芙蓉"等景观。"折而西遂，地三曲折"，有西堤一亭和藏书楼。

山的北面建有春晖堂、分荫轩、无隐精舍等景点，秀美的水石居则"南窗临清流，北窗对峭石，菡萏满陂塘"。相邻的凤凰台"双折

■ 古典园林

■ 岭南园林小景

向上巍然突起”，在此可遥望钟山一角，朝烟暮霭，变幻无穷。

在亭榭的周围，环植有梅、杏、桃、柳、松、桂之树以千计，沿湖堤夹种柳桃芙蓉，杂花异卉，春秋佳日，灿若云霞，分荫轩前茂树穿云，春睡轩旁海棠红艳。

园内桃李杏梅、枇杷葡萄，硕果累累，加上松柏榆桧，故人称愚园为植物社。隔水东望，修竹蔽室，如绿云一片，此为“课耕草堂”景点。

以湖为中心的外园，筑有湖心亭、竹坞轩、春睡轩、延青阁、柳岸波光、课耕草堂、青山伴读之楼、秋水兼葭之馆等景点，还有种植很多优良木材的西圃景点，这是愚园的最高处。

此外，还分布着松颜馆、觅句廊、依琴拜石之斋、寄安、集韵轩、容安小舍、栖云阁、啸台、养俟山庄、在水一方、漱玉、小沧浪、小山佳处、岩窝、憩亭、牧亭、梅崦、鹿坪、界花桥、渡鹤桥等。

后又增建了怀白楼、揖蒋亭、海燕楼诸景，又拓园墙，故有“七十景”之说。整个园林显得景幽趣深、意蕴盎然。

《江南园林志》一书中记载：

北部叠石为山，嵌空玲珑，回环曲折，颇见经营之妙。

园主胡恩燮很善于交际，也乐于交际，他常邀集社会名流在园中设宴，举觞唱酬。

政要中有李鸿章、张之洞、沈葆桢、刘铭传、彭玉麟等著名人物，名士有俞樾、薛时雨、莫友芝、赵烈文、温葆深、黄思永等。

他们在赏景聚宴时留下了不少诗词歌赋和楹联，胡光国曾辑为《白下愚园集》。愚园的宴游雅集是清代晚期士大夫们称道的雅事，《愚园记》记载：其宴游之盛甲于江南！

愚园巧妙地动用了借景的手法，在园外，近借凤台山，远借钟山，使有限的空间得以无限延伸；在园内，景点构筑用传统的对景手法，使各景点能相互渗透和借取，增加了双方的风景艺术价值。

在水体处理上藏引得法，动用了藏源、引流、集散、延伸等手法，让水面有流有滞、有隐有显，使水体活跃于园中，构成多变的水景空间，生发无穷之意。

愚园"堆山理水的处理手法，植物造景的运用等，很多地方是值得借鉴和取法的，集人造美景和自然美景于一身，是我国古代园林艺术的集大成之品。

**阅读链接**

亢树滋，清代的学者，生活在江南文人集萃的苏州。因为著书作文特别出色在苏州一举成名。同时，他也是一名富有的商人。因此才可能出巨资自己出书，其书流传甚广。作品有《愚园记》《随安庐诗集》《随安庐文集》《随安庐诗文集》《随安庐题画诗》《邓尉探梅诗》等。

从这些作品中，可知愚园的布局与明清其他大片园林一样，继承了我国自然山水的艺术传统。

# 风景四时皆宜的白鹭洲

白鹭洲公园位于南京城东南隅，南临长乐路，北接长白街，东贴明城墙，西止石坝街，占地0.15平方千米，其中水面3.8万平方米，是南京城南地区最大的公园。

白鹭洲是明代开国元勋中山王徐达家族的别墅，称为徐太傅园或徐中山园。这个名字，最早始见于史料的是明代中期的《正德静宁县志》：

■ 白鹭洲

徐太傅园，在县正东新坊北。太傅讳达，开

秦淮画卷

秦淮文化特色与形态

■ 白鹭洲美景

太傅 是我国古代职官。级别很高，处于统治阶级的核心位置，直接参与军国大事的拟定和决策，是皇帝统治四方的高级代言人。周代开始设置，秦代废止。西汉时期曾两度短暂复置该职位；东汉时期则长期设立。历代沿置，多用为大官加衔。

国元勋，赠中山王，谥武宁永乐间，仁孝圣后赐其家为蔬圃。

正德三年，东园公子天赐，遂拓其西偏为堂，曰心远。又购四方奇石于堂后，叠山凿渠，引水间山曲中，乃建亭阁，环杂山上，下通以竹径，其幽邃，为金陵池馆胜处。

随后见于明代人王世贞的在万历年间所作的《游金陵诸园记》中："东园者，一曰太傅园……"

天顺年间，园内建有鹫峰寺，香火鼎盛一时。至正德年间，徐达后裔徐天赐将该园扩建成当时南京"最大而雄爽"的园林，取名为"东园"。

白鹭洲原是一长形沙洲，江水一分为二。洲上多种养芦苇和藕、鱼等水产。

元代末期，有一姓苑的老书吏居此，因种花品种多而艳丽，故这里有"苑花园"之称，园旁还有座苑家桥，东园即在此基础上建成。

明代时期，徐达的后人徐霖、徐天赐等人对该园进行扩建，叠山开池，筑月台、鉴堂、心远堂、小蓬山等建筑。园内有一泓碧水，明代小运河横贯其中，辉映着亭桥楼榭，四周假山罗列，花木幽深，与城郭互相映衬，协调而有风韵。

之后又增建了烟雨轩、绿云斋、沽酒轩、藕香居、吟风阁、话雨亭等。烟雨轩北侧有鹭洲馆和白鹭亭，亭中画有白鹭，四周多垂杨，亭子有八个柱子，很是宽敞，四边槛栏可坐几十人，是清代时期所建。

这里秋天时，有白鹭飞来，与长江边白鹭洲相像，因此命名"白鹭洲"。这里曾发现一通镌有李白

■ 白鹭洲建筑

秦淮画卷

秦淮文化特色与形态

■ 白鹭洲街景

《登金陵凤凰台》诗石碑。

烟雨轩回廊有楹联写道："此地为中山故苑，其名出太白遗诗。"

白鹭洲景色诱人，许多著名文人在此诗酒雅集。南宋时期著名诗人陆游来这里留下"全家稳下黄牛峡，半醉来寻白鹭洲"的诗句。

明代万历年间，文坛领袖王世贞对白鹭洲有"其壮丽遂为诸园甲"的描述。

白鹭洲景物以"春水垂柳"为绝胜，湖滨多植有垂柳，沿湖数步一棵，万缕千条，柳条丝有3米多长，迎风摇曳，柔丝袅娜，每逢清明前后，来白鹭洲多为看柳而来，有诗赞：

诗家清晨在新春，绿柳才黄半未匀。
若待上林花似锦，出门皆是看花人。

**石碑** 把功绩勒于石上，以传后世的一种石刻。一般以文字为其主要部分，上有螭首，下有龟趺。大约在周代，碑便在宫廷和宗庙中出现，但此时的碑与后来的碑功能不同。此时宫廷中的碑是用来根据它在阳光中投下的影子位置变化推算时间的；宗庙中的碑则是作为拴系祭祀用的牲畜的石柱子。

有名的"鹭洲春日四景"是"春水杨柳"、"辛夷挺秀"、"红杏试雨"、"夭桃吐艳"。不管是春光明媚还是春雨绵绵，都有人来水滨漫步赏景。

夏季炎炎，很多人坐在湖畔乘凉，谈诗论景，十分怡然。盛暑之夜，常有人在此泛舟纳凉，过小桥穿入莲荷深处，别具一番情趣。

秋日的白鹭洲同样撩人情思。是时，菊花呈艳，湖中芙蓉红尽，早晚白鹭齐飞。

冬天，洲畔梅花绽放，白雪红亭，岁寒三友，诗情画意，盈满其间，有独爱冬景之人，来此写照湖山。白鹭洲四时景色各异，但皆怡人情怀。

白鹭洲不仅风景怡人，而且还是各种花鸟鱼虫的天地。每逢夏秋季节，五光十色的蜻蜓在水面飞翔，时而点水，时而歇落在莲花上。

白鹭洲湖中众多的各式园林桥，是一大特色，它不仅走人行舟，而且起到了点缀、分割、组合景致的作用，与山水相映为美，为园林平添了很多佳趣。

白鹭桥是座秀雅的双曲拱桥，桥拱如月，桥栏古朴，桥畔叠石植

白鹭洲景色

白鹭洲

花，红绿簇拥，四周名木环绕，使得桥道更加秀逸典雅。

浣亭桥是一座壮观飘逸、形制独特的石制桥，两侧为传统的明代宫城梁桥形制，桥孔两侧雕饰有喜鹊闹春、五福临门等雀替，两侧遍雕各种祥云图。

两边敦实秀美的桥身，搭衔着中间宽大平直的梁体，平梁上耸立着16根石础木柱，柱顶上架设两层褐色木架，四周设置槛座围栏，两侧镶桥名匾额。清代人李声震的《斗草》诗说道：

一带裙腰绣早春，踏青时节水园频。

斗他远志还惆怅，唯有宜男最可人。

这首诗反映了每逢百花盛开的春秋季节，秦淮人常来白鹭洲踏青，采摘各种花草，回去玩斗草游戏的情趣。

**阅读链接**

明代诗人吴兆骞曾写过一篇《秦淮斗草篇》长诗："芳草远如雾，望望迷人步。绿将黄不辨名，和烟和雾那知数。凤凰台上旧时基，燕雀湖边当日路。结伴踏春春可怜，花气衣香浑作烟。谁分迟迟独落后，谁能采采不争前。"

诗篇生动细腻地描绘了秦淮人丽日踏青斗草的情景。

# 秦淮奇葩

　　多年的文化熏陶和有意识的培养，秦淮地区留下了诸多富有文化内核的可以流传千古的财富，这些财富堪称是中华文化宝库中的奇葩，是华夏民族的智慧结晶。

　　大报恩寺塔号称"中世纪世界七大奇迹之一"，宏伟壮丽，精美绝伦。长干寺地宫的七宝阿育王塔工艺精美，流光溢彩，文物价值不可估量。

　　还有巧夺天工的秦淮手工艺品以及夫子庙广场纷呈不绝的百艺表演等，这些都堪称是秦淮文化中的奇葩，有着文化代表性，必将青史留名。

# 宏伟壮丽的大报恩寺

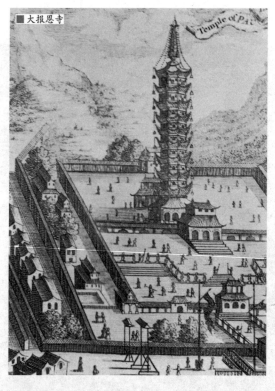

■ 大报恩寺

大报恩寺位于南京中华门外雨花路东侧秦淮河畔长干里。据说是明代永乐皇帝朱棣为纪念其母而兴建的。

大报恩寺兴建于1412年至1431年间，是一组规模庞大，有如宫殿般金碧辉煌的建筑群。大报恩寺坐东向西，占地极广，周围长达4.5千米，民间有"骑马关山门，九里十三步"的说法。

■ 大报恩寺塔构件

全寺因临外秦淮河，为巩固地基防湿，地基上先钉入粗大木桩，然后纵火焚烧，使之变成木炭，再用铁轮滚石碾压夯实，木炭上加铺一层朱砂，以防潮、杀虫。

大报恩寺施工极其考究，完全按照皇宫的标准营建。

大报恩寺规模宏大，以大雄宝殿、天王殿、宝塔为主体，包括金刚殿、观音殿、伽南殿、经藏殿、论藏殿、三藏殿、法堂、祖师堂、禅堂、经房、东西方丈及御亭、左右碑亭、画廊等殿堂，其中画廊有118间，经房38间。

全寺建筑分为南、北部分，北部为主体区域，又分为东、西部分。西为大报恩塔区域，都有围墙分隔，每组建筑也有围墙。

《金陵梵刹志》记载，大报恩寺主体建筑中轴线

**长江** 世界第三大河，亚洲第一大河，和黄河并称为中华民族的"母亲河"。长江发源于青藏高原唐古拉山主峰各拉丹冬雪山，自西向东注入东海。长江支流众多，长江流域东西宽约3200千米，南北宽约966千米，长江全长6397千米，流经青海、西藏、四川、云南、重庆、湖北、湖南、江西、安徽、江苏、上海等省区。

■ 大报恩寺塔琉璃门

《陶庵梦忆》
明代散文家张岱
所著的一部杂文
集。该书成书于
1644年之后，直
至清代乾隆1794
年才初版行世。
该书将种种世相
展现在人们面
前，构成了明代
社会生活的一幅
风俗画卷，是研
究明代物质文化
的重要文献。

布局有香水河桥、天王殿、大雄宝殿、琉璃塔、观音殿、法堂等。

香水河桥的南北两侧各置御碑亭一座，观音殿的两侧有祖师殿和伽南殿，祖师殿前还有钟楼一座。观音殿后南北有画廊118间。

位于大殿后的大报恩寺琉璃塔建造于1412年，1428年竣工。九层八面，底层周长101米，高达78.2米，雄伟璀璨，是南京古城墙平均高度的6倍半以上，能俯瞰南京全城与城外牛首、紫金诸山及长江、秦淮河。数十千米外都可看到其巍巍雄姿。

塔身八面开门，四实四虚，隔层错开。底层四周镂四天王金刚护法神像，甲胄披挂，持戈执剑，形象各异。

4个拱门以五彩琉璃嵌口，门上刻着琉璃神龙人兽。门的两边开窗，窗边缦以陀优钵昙花。二层至九层，各有平座，朱红色的琉璃栏杆。每层复瓦都用绿色琉璃构件，有飞羊、狮子、飞马、白象等图形。

塔的外壁全部用白瓷砖砌成，上面镶嵌着无数栩栩如生的金身佛像。据记载，每层所有砖数相等，只是体积自下而上逐层递缩。整座建筑精美绝伦，极富工艺和艺术价值。

明代末期文学家张岱在《陶庵梦忆》中描述道：

> 塔上下金刚佛像千百亿金身。一金身琉璃砖十数块凑砌成之，其衣折不爽分，其面目不爽毫，其须眉不爽忽，斗笋合缝，信属鬼工。

塔顶盘上有9个铁圈，顶上镇黄金宝珠，重达2000两，以8条铁索固定在檐角。每层的飞檐下悬金铃鸣铎，计152个，随风摇曳，声闻十多里外，人人翘首观望。

另各层点篝灯128盏，加上塔心室琉璃灯12盏，共140盏。

灯盏由100多个小和尚看管，一年四季日夜通明，每天耗油32千克，号称"长明灯"。白天金碧照耀天际，夜

■ 大报恩寺琉璃飞羊

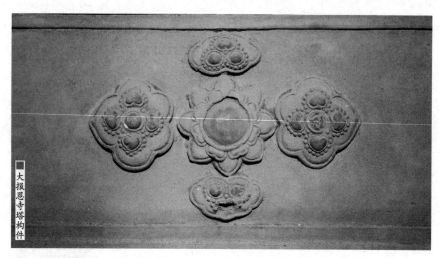
大报恩寺塔构件

间火龙数千米可见。

明代散文集《陶庵梦忆》描绘道：

> 天日高霁，霏霏蔼蔼，摇摇曳曳，有光怪出其上，如香
> 烟缭绕，半日方散。

琉璃塔全用砖结构，几乎不用木料，因而在明代嘉靖年间报恩寺因雷电着火，各殿堂烧为灰烬，唯独琉璃塔安然无恙。

塔中间有塔心室，楼梯绕心室而上，越往上，楼梯也越陡。塔的各层内部有青绿藻井，内壁满布佛龛，每座小佛像高不过0.3米。

琉璃宝塔是我国最具特色的标志性建筑物，被称为"天下第一塔"，有"中国之大古董，永乐之大窑器"之誉。

除琉璃塔外，以四天王殿及大殿最为壮丽。东部区域还建有供奉玄奘灵骨舍利的三藏塔。僧房、禅堂、藏经殿等居南部。

大报恩寺香火兴旺，信徒络绎不绝，其雄伟壮丽风姿也吸引了很多游人来此观赏。

描绘大报恩寺琉璃塔的著作诗文很多，明代作家陈沂在《南畿志》中描述："外旋八面，内绳四方，外之门牖,实虚其四"；"下周广四十余寻，重屋九级，高百丈"；塔顶"冠以黄金宝珠顶，维以铁纤"；塔上金铃鸣"相间数里，响振雨夜"，登至塔顶"四顾群山大江，关阻傍达，飞鸟流云，常俯视在下"。

形容全塔"巍巍嵯嵯，分葩烂漫"，称赞琉璃塔"作镇于神京兮，又翘准于皇都"，赋文中极尽描绘宝塔的宏伟壮丽、精美绝伦。

清初大诗人查慎行在1679年游览报恩寺后，作《登金陵报恩寺塔二十四韵》写道：

> 孤高真得势，陡起绝无凭。
>
> 法转金轮翘，光摇火树灯。
>
> 地维标宝刹，天阙界金绳。
>
> 碧落开千里，丹梯转百层。
>
> 规模他日壮，感慨至今仍。

这首诗描绘了报恩寺塔孤高无凭地陡立在天地之间，随着梯转上百层，就能在蓝天碧落中，眼界一展千里。

**阅读链接**

张岱在《陶庵梦忆》中形象地称琉璃塔为"中国之大古董，永乐之大窑器。"

1684年清康熙皇帝南巡，据说，他跨进报恩寺后便赞叹不绝，走进报恩寺塔，每上一层都书匾额一块，赐金佛一尊和金刚经一部，直登上报恩寺塔最高层，供奉塔顶。在报恩寺，康熙皇帝题写了《登报恩寺浮屠》诗。

乾隆皇帝在1749年"南巡幸寺，登浮屠，赐御书额"，也题写了《大报恩寺》诗，经两代皇帝的揄扬，报恩寺更是声名远播。

# 长干寺七宝阿育王宝塔

　　阿育王，音译阿输迦，意译无忧，故又称"无忧王"，是印度孔雀王朝的第三代君主，也是印度历史上最伟大的一位君王。阿育王是护持佛教的一位英主，他下令建立了许多寺院和佛塔。

■阿育王头像

　　在秦淮河南岸，有一片地势开阔之地，当地居民把这个地方称为"宝塔根"。南京作为六朝古都，"宝塔根"从东吴开始就产生过众多皇家寺庙。其中最有名的要属明代大报恩寺，为明成祖朱棣下令所建。

　　大报恩寺的前身就是长干寺，由长干寺改建而成。长干寺地宫就位于大报恩寺的下面。长干寺地宫可能是宋代初期由长干寺住持可政大师通过“民间集资”修建而成的。

长干寺的地宫出土了很多有价值的文物，包括铜钱、水晶球、玛瑙珠、串珠等供养器物，还有白瓷碗、青瓷碗、青瓷壶，更有价值和神秘感的是一个大铁函和碑刻。

阿育王塔石雕

铁函里面有价值连城的七宝阿育王塔，还出土了许多供奉物，有琉璃瓶、银鎏金莲花如意形法器、铜镜以及多达数千枚的各式铜钱，从汉代的五铢直至北宋前期的至道元宝、咸平元宝等，还有一些特殊制作的鎏金龙凤纹花钱。

铁函里的七宝阿育王塔文物价值不可估量，体型大、工艺精美。

七宝为金、银、琉璃、砗、石渠、水晶、赤珠。七宝阿育王塔，塔身镶有各种各色宝石360颗以上。塔高1.1米，底座宽度为0.4米，其高和宽度都是杭州雷峰塔地宫的阿育王塔的三倍多。

七宝阿育王宝塔由三部分相互叠置而成，自下而上分别是塔基、塔身和塔刹，全塔是用泡钉将金属蒙皮和木胎铆接起来的。

塔基高约0.1米，遍饰浮雕镶宝珠，精美夺目。浮

**白瓷** 我国传统瓷器的一种。指瓷胎为白色，表面为透明釉的瓷器。以含铁量低的瓷坯，施以纯净的透明釉烧制而成。白瓷看上去没有斑斓的花纹和艳丽的色彩，但在朴实无华中，展示给人们的是那自然天成的美。

■鎏金银阿育王塔

雕中除了莲花、连珠纹，每面还雕有四尊高约0.05米的佛像，头有背光，周围有13颗宝珠。

塔身是整座阿育王塔最精美的部分，下部略呈正方形，每面都镶嵌有大量宝石，刻满精美繁复的图案及文字。上部呈窄喇叭状或斗状，也遍布图案、文字雕刻，并缀满宝石。

塔身的四个角上竖着八片大山花蕉叶，两两相邻，将大半个塔刹罩住。塔刹由塔尖、宝葫芦、宝珠、五相轮柱组成，由刹柱贯穿，下接塔身，五重相轮上刻有忍冬、连珠纹饰。

阿育王塔不但体型庞大，其制作工艺也十分让人称道。塔身通体的雕刻图案精美绝伦，无论塔基、相轮挂、塔身，还是山花蕉叶的正反面，都雕刻各种图。内容极其丰富，有火焰、宝珠、莲花、缠枝、金翅鸟、龙头等。

八幅金翅鸟的图案最精美，以高浮雕法雕出的护法神金翅鸟，布于塔身四角两边，昂首敛翅，足踏莲花，生动逼真。

塔刹相轮和山花蕉叶采用的是一种叫作"锤揲法"的金银加工工艺。

**相轮** 塔刹的主要部分。从上到下依次是宝珠、龙车、水烟、九轮、受花、伏钵和露盘。贯通中间的棒叫做"擦"，也称为刹管。宝珠是最重要的部分，是装有佛舍利。龙车的意思是高贵者的坐乘。水烟意味着避免火灾。九轮也称为宝轮，代表五智如来和四菩萨。受花是用于装饰的基台。露盘是伏钵的土台。

与铸造法相比，锤揲法不仅工序简单，而且可以将金银器做得轻薄，大大节省了珍贵的金银原材料。其方法是先锤打金银板片，使之逐渐伸展成片状，再将其铺在用松香、牛油和瓦灰等熬成的胶板上，或者是在制作好的模具上，锤打出各种繁复的花纹。

七宝阿育王塔有凸纹也有凹纹，这是两面锤揲的结果。

而相轮的破损部位表明中空的相轮在加工时使用了古代的点焊法，即用硼砂等助熔剂使银粒加热熔化，再将其粘在各部件之间，待其冷却，银部件就牢牢焊接在一起。而山花蕉叶有两排规则的铆钉样凸出物，表明其很可能使用了铆接法。

塔上的人物造像和佛像十分生动丰富，单体的小佛像和菩萨像有56尊，加上20多幅故事图画上的人物，塔身中间图案上的人物，以及山花蕉叶上的人物，塔上佛像、人物像有百余尊。

这些图像有很多是描绘佛教故事的。

一是讲述佛祖释迦牟尼生平的佛传故事：在八片山花蕉叶上，每个外侧都雕刻着三幅图。其中一片山花蕉叶的一边外侧，自上而下雕

■阿育王塔局部

刻着"呈现睡姿的佛像"、"打坐的佛像"和"一人与一大象"。

这三幅图画面从下往上看，刻画的是释迦牟尼的出生、得道、涅槃三个阶段，如六牙白象入梦，就说的是释迦牟尼的母亲摩耶夫人，梦到六牙白象来降腹中，遂生下释迦牟尼。

二是宣扬佛教精神的四本生故事，如萨埵太子舍身饲虎，尸毗王割肉饲鹰救鸽，月光王捐舍宝首，快目王舍眼等。跏坐在莲花座上的萨埵太子还伸出右腿，被老虎咬在嘴里，而萨埵太子又伸出右手，似乎在招呼饿虎不要客气。

萨埵太子的左脚边，还有"嗷嗷"待哺的两只小虎。萨埵太子的身后，还有十个呈各种姿势和表情的人，他们有的拍脑门，有的手捧胸口，有的叉腰，有的合十，有的挠头，毫不重复。

阿育王塔鎏金表面上的图案，是工匠们用手锻打出的，这比雕刻的难度要高得多。塔身上有文字记载，七宝阿育王塔是在扬州制作的。

唐宋时期扬州一直是金银器制造业的重镇，南唐时期，后主李煜曾命扬

■ 阿育王柱

州工匠打造一座高达两米的金莲，令宫女立于莲上翩翩起舞。扬州的能工巧匠精心打造了这座工艺精美价值连城的七宝阿育王塔。

阿育王塔上还遍布雕刻精美的中文和梵文。梵文位于塔身的顶部。有两处中文雕刻于塔身：一处位于佛本生故事图的下方，用两行书写了故事内容及供养人的身份姓名，如"将仕郎守滑州助教王文舍大光明王施首变相记"。"将仕郎守"为唐宋时期官名，"滑州"指河南滑县一带，"助教"是宋代九品的官阶，"王文"人名，"舍"为施舍，"大光明王施首"则是上面的佛本生图内容，"变相"是指用绘画的手法表现佛教经典内容。

另一处在塔身上方，斗状部刻有"皇帝万岁"，两面则有"天下民安"、"风调雨顺"，以祈祷国泰民安和皇帝长寿。

七宝阿育王塔周身没有镂空，整个宝塔密闭良好。塔内有两套金棺银椁，金棺银椁一套方形的，一套长方形的。

长方形的一套，从外至里都是纯金打造，金光灿灿；另一套方形的，盒子的主要构件都是银的，银光闪闪。金棺顶盖上有莲花、凤鸟纹，棺体两端有持剑护法神等雕刻。

阅读链接

长干寺地宫可能是民间筹资建造的。"滑州助教王文"是主要组织建造者之一，正是他和长干寺住持可政共同组织了地宫修建。

另外，地宫发掘的石碑上有一娘、三娘、三哥和男德兴字样。与唐代不同，宋代已经允许民间供奉舍利，所以，石碑上的名字可能是民间信众募捐后在石碑上记功德的一种方式，而这些没有姓只有名的留名方式，极有可能属于同一个家族，也就是说，长干寺地宫可能是某个家族出资修建的。

# 巧夺天工的秦淮手工艺

秦淮手工艺狮子灯

南京的手工艺品历史悠久，品种繁多，富有浓郁的民族风格和地方色彩，大致可分为两类，一类是手工制作的日用品，一类是以欣赏为主的艺术品。

南京手工艺品一向以秦淮地区为代表地，同时也是其重要的展现窗口。这里汇集全国精华，有不少出类拔萃的民间艺人。

秦淮地区的泮宫东西市场、贡院街、三山街等地，除了古玩玉器、金银首饰、金石书画、文房四宝、云锦漆器等齐全外，尤以民间传统的各色手工艺品最多，有苏绣、湘绣、古刺绣、绒花、剪纸、绢花、纸花、彩塑、瓷刻等。

各种各样的手工艺品店铺分布在夫子庙地区的大街小巷，通常是前为店后为坊，世代相传。夫子庙的剪纸手工艺品，用红纸衬剪各种鞋面枕巾和手帕等绣花样及喜庆窗花。

■ 秦淮剪纸

剪纸艺人凭借一手让人称道的技艺，根据顾客的需要，剪出各种秀美的花卉、惟妙惟肖的人物以及活灵活现的飞禽走兽。

秦淮剪纸工整挺劲，疏密结合，玲珑剔透，具有淳朴简练、浑厚饱满的优美风格。构图上常常花中有花，题中有题，纹样粗中见细，拙中见灵巧，在浓浓的乡土气息中，透露出强烈的装饰艺术效果，题材上则多用吉祥语句的谐音形成图案，令人产生幸福美好的联想。

手工艺品绒花、绢花和纸花是夫子庙和三山街喜庆节日畅销的手工艺品种，绒花是用缫丝后的下脚料染色，用特细的铜丝为蕊制成长绒条，再盘制成各种式样的花朵，专供妇女和孩子们佩戴。

"绒花"因谐音"荣华"，寓有吉祥祝福之意。

**文房四宝** 我国独有的文书工具，即笔、墨、纸、砚。文房四宝之名，起源于南北朝时期。历史上，"文房四宝"所指之物屡有变化。这些文具制作历史悠久，品类繁多，历代都有著名的制品和艺人。

■秦淮手工艺兔子灯

**宣纸** 又被称为"千年寿纸"，产于安徽泾县，起于唐代，历代相沿。宣纸具有易于保存，经久不脆，不会褪色，韧而能润、光而不滑、洁白稠密、纹理纯净、搓折无损、润墨性强等特点，是最能体现我国艺术风格的书画纸。

造型也多取自民间喜闻乐见的事物，如龙凤呈祥，金玉满堂等。遇到办喜事时，那新娘更是要佩戴各种喜庆绒花，打扮得花人儿一般，显得越加喜气盈门。

旧时，秦淮地区大街小巷都有身背圆屉的卖绒花的人，这是当时的一个风俗景观。这圆屉有四五层，每层装有不同样式的绒花，可让购买的顾客进行挑选。

卖绒花的人手执长柄的镗锣，吆喝时就摇晃镗锣两边拴着的小木槌从左右两面打击着锣面，发出清脆的"叮当、叮当"的声响。有时卖绒花人来到了热闹的街口，就把那一层层摆花的圆屉放在地上，供人欣赏和选择。

绢花也称"京花儿"，是我国具有悠久历史和浓厚装饰色彩的手工艺品，指的是用各种颜色的丝织品仿制的花卉。我国1700多年前就拥有了丝织物制花的技艺。

唐代时期，绢花更是妇女的主要装饰品。秦淮地区售卖的绢花品种繁多，有瓶花、挂花、盆花、胸花，色泽鲜艳，宛如真花，在装饰环境、美化人们的生活方面起到了绝妙的作用。

纸花是用宣纸、中药通草或丝绢扎制而成，纸花为妇女头髻上的装饰品，在女子未实行剪发之前，买卖非常兴隆。

脸谱是我国戏曲演员脸上的绘画，是一种用于舞台演出时的化妆造型艺术。脸谱对于不同的行当，情况不一。

"生"、"旦"面部妆容简单，略施脂粉，叫"俊扮"、"素面"、"洁面"。而"净行"与"丑行"面部绘画比较复杂，特别是净，都是重施油彩的，图案复杂，因此称"花脸"。

戏曲中的脸谱，主要指净的面部绘画。而"丑"，因起扮演戏剧角色，故在鼻梁上抹一小块白粉，俗称"小花脸"。

夫子庙有各种各样五彩缤纷的脸谱画，明清时的戏剧脸谱，有按戏文分类的，有按流派分类的，还有按性格分类的，个个气韵生动，神采飞扬。

这里文臣的忠正、武将的刚勇、奸相的刁诈，都以夸张和象征的笔法，表现得淋漓尽致，各具性格。

风筝也是秦淮人的最爱，秦淮人放风筝的历史是很早的。《独异志》上记载：

> 侯景围台城，简文帝作纸鸢，风空告急。

原来，549年，南朝梁武帝

**脸谱** 是我国戏曲演员脸上的绘画，用于舞台演出时的化妆造型艺术。脸谱的产生有着悠久的历史，起源于面具。脸谱将图形直接画在脸上，而面具把图形画在或铸在别的东西上面后再戴在脸上。在我国古代，祭祀活动中有巫舞和傩舞，舞者常带面具。

■ 秦淮手工艺纸雕

■ 夫子庙里的戏剧
脸谱

**诏书** 皇帝布告天下臣民的文书。在周代,君臣上下都可以用诏字。秦王政统一六国,建立君主制的国家后,号称皇帝,并改命为制,令为诏,从此诏书便成为皇帝布告臣民的专用文书。汉代承秦制,唐宋时期废止不用,元代又恢复使用。

萧衍被困在南京的台城,内无粮草,外无救兵,形势危急。

正当萧衍发愁时,大臣羊侃献计:把调兵的诏书捆在风筝上,放出城外以求援。

萧衍依计派他三儿子萧纲去办这件事。萧纲,即简文帝。萧纲从宫殿的高处,顺着风向把风筝放出台城外,上面系着武帝的诏令,号召城外兵奋起救援,保卫王室。

六朝时期每当清明时节,秦淮两岸大小市上,风筝是最时髦的手工艺品,多为富家子弟购买放飞,唐代以后风筝开始广为流传。明清时风筝制作越来越精巧,形式越来越多种多样,图案色彩也越来越讲究。

秦淮人制作风筝,多用细竹片扎成骨架,再糊上薄绵纸。风筝的花色品种繁多,有禽、鸟、虫、鱼等,有的是银燕对对,有的是大雁成行,有的是蝴蝶翻飞，有的是孔雀开屏，还有嫦娥奔月、天女散花。

有的风筝上安有纸鼓，有的装着苇簧，经风升空时，鼓声咚咚，筝鸣阵阵，非常有趣。还有的扎成人形的，粉面黑鬓，红衣白裙，入手云霄，袅袅娜娜。

当时就流传着一首称颂风筝的诗：

春衣称体近清明，风急鹞鞭处处鸣；
忽听儿童齐拍手，松梢吹落美人筝。

绢人是用绢制成，其脸和手上的肉红色，以七种药物捣汁浸泡布料，外面裹绢，用文火慢慢熏烤，使肉红色渐渐显现出来，其色用水泡几天也不会褪。

夫子庙的绢人独树一帜，腾云驾雾的牡丹仙子，花王姚黄、花侯魏紫，高如真人，小仅盈尺，个个栩栩如生。

浇糖人和捏糖人也是夫子庙有名的手工艺品。

浇糖人艺人把白糖加红糖和少量面粉，在小铜锅中熬成糖稀，然后手握糖锅，在一块光洁的玉石板上，靠细细的一条糖稀线，能浇画出各种形状的图案或家禽牲畜、人物花卉，然后用竹签蘸点糖稀一沾，即是一只线条优美的平面糖人或糖动物。

■吹糖人壁画

绢人

在这些艺人手下，武将的威风大度、文官谦逊卑恭、老翁的飘逸怪异、仕女的娉婷娇姿、花草的千姿百态、动物的神姿风采，仅靠那粗细得当、简洁洗练的糖线条，表现得生动逼真。

捏糖人一般是给一个铜板一转彩，转到公鸡拿公鸡，转到蜈蚣拿蜈蚣。这种游戏很吸引孩子。

捏糖人过去在民间常见，到处都有，担子的圆桶里一个炭火炉，炉上置一特制的圆铜锅，锅内分隔成五六块，每格置一种颜色糖，六色俱全。

糖人是用麦芽糖加适量的白糖、面粉与食用色素调合成。艺人靠着一双灵巧的手，一把剪刀、一根骨签和半截梳子，能吹捏出各种形状的动物和人物。能用嘴吹捏出宝葫芦、白天鹅、老鼠偷油等，虚实结合，惟妙惟肖。

阅读链接

谷花也算是秦淮人一件手工艺品，秦淮女子喜欢将谷花用小棒戳起插于鬓边做装饰。

小贩则将谷花染色红豌豆缀在荆棘条上，肩扛手举在街市叫卖。泮宫广场内外，每近春节小贩叫卖谷花的声音此起彼伏。

《金陵赋注》记载："焙蜀黍令绽，与煮豆染绛，缀诸棘刺上，以为梅枝。"

人们见到这种好似报春的点点梅朵都乐于购买，回家插于瓶中，室内即陡增融融春意。过去每临春节，秦淮街头巷尾不时传来炸米花的爆谷声。

# 百艺纷呈的夫子庙泮宫

　　泮宫指古代的学校。明清时期各府州县的学宫正门内大都建有"泮池",养着红鲤鱼,隐喻鲤鱼跳过龙门,就能成龙。秦淮夫子庙前自然也有泮池。过去夫子庙泮宫广场是个异常热闹的地方。据清代初期《画舫余谭》记载:

■泮宫牌坊

秦淮画卷

秦淮文化特色与形态

鼓书 也叫"大鼓"，大鼓与鼓书是我国曲艺曲种分类中一个类别的两种称谓，主要曲种有京韵大鼓、西河大鼓等数十种。主要流行于北方。表演形式大多为：演员一人自击鼓、板，配以一至数人的乐队伴奏演唱。主要伴奏乐器为三弦，另有四胡、琵琶、扬琴等。

起泮宫前，至棘院为止，值清明日，百戏俱陈。如解马、奇虫、透飞、梯打、筋斗、吐火、吞刀、挂跟施腹、三棒鼓、十不闲、促狭相声、鼻吹口歌、陶真、撮弄。凡可视听者，翘首仰颈，围如墙。

这个记载真实地反映了当年夫子庙前百戏杂陈的场面。夫子庙泮宫广场是个千奇百怪、包罗万象的广场。江湖上称道的"金批彩挂"都在这里有所体现。

"金"江湖上指相面算卦，"批"是说唱，"彩"是变戏法，"挂"是卖艺。

俗语说"金批彩挂，全凭说话"，表演艺人全仗一张利口，行话叫"铺钢"。过去走南闯北到处流浪的走江湖者不下数十百种，师徒相传，各有门户，各有行话，名为江湖"切口"，行话叫"春典"。

这些江湖艺人齐聚秦淮夫子庙，尤其是年节假

■ 夫子庙泮池夜景

日，夫子庙游人更是接踵而至，泮宫内外人山人海，人如潮涌。

泮宫广场露天杂耍尤为诱人，有武艺、马戏、魔术、鼓书、说书、相声、木偶戏等。

在广场习武摆场的几乎大小十八般武艺俱有，表演的场面也最吸引人，观看者往往里三层外三层，围得水泄不通。这些习武卖艺的有单人和集体之分，大帮三人至六人，设场表演。表演前通常要说一套生意口把观众吸引住，同时作揖打躬说好话，做好铺垫后，表演就正式开始了。

泮宫广场的魔术表演也很吸引人。我国古代称魔术为幻术，俗称"变戏法"，魔是从外国传入的，史料记载，清代民间幻术已达300多套，技术日臻精美。

夫子庙的魔术远近闻名，魔术大师张慧冲就是在夫子庙表演魔术的名手。夫子庙当年表演的魔术足有几十种，如唐代段成式描写的"画龟变活、立刻开花"等传统节目，以及箩圈取物、古彩戏法、口喷火团、口吞铁球、喉插宝剑等，尤受游客欢迎。

吞铁球和插宝剑看来十分吓人，表演者能把整个铁球吞咽下，头仰起嘴张开后能把一把剑直插入喉中，然后收钱，直至钱敛得差不多了再抽出来，观者无不惊心动魄。

秦淮画卷

秦淮文化特色与形态

口喷火同样令人惊骇，表演者先用锯末塞在口内，暗中把火种混入，然后用扇子朝口扇，片刻烟雾缕缕从口中冒出，后即喷出一团团火来。

木偶戏同样是夫子庙泮宫广场吸引人的表演。木偶戏也称"傀儡戏"，是我国民间艺术宝库中的一颗明珠，已有2000多年历史，经过多年的发展，我国木偶戏的技术已经十分高超了。

唐代梁鲲所作的《傀儡吟》，写出了我国木偶戏的高超技艺：

刻木牵丝做老翁，鸡皮鹤发与真同。

须臾弄罢寂无事，还似人生一梦中。

木偶戏多在露天搭台撑篷演出。提线木偶南京人又称之"吊吊戏"，表演艺人在泮宫广场的一角用大

■ 夫子庙

白布围成篷圈，圈外隔以绳网，圈内搭伸出式小台，三面是观众。

小台分前后两部分，中间用齐腰高的木屏风隔开。后台较大，是操纵表演的场地。屏风两边是门，人员从此进出。

台上右首坐文场一人，能同时演奏用简易机械牵动的大锣、小锣、钹等，还能拉奏京胡、二胡或吹唢呐笛子；左首坐武场一人，敲奏大小鼓、板鼓、檀板等，还为木偶配音。

后台共有四人至七人上下手演员，操纵着40多个人物和动物木偶。

演出的内容多是传统剧目，有《西游记》《聊斋》《包公案》《沉香救母》《水漫金山》《杨家将》以及各种生活小戏，丰富多彩，洋洋大观，剧目足有100多出。

木偶演出各具特色，效果逼真，如在《大名府》表演中，木偶能惟妙惟肖地跳红绸舞，表演杂技的木偶还能顶坛子、互相交换耍盘子，抬脚举手配合默契，令人叫绝。

夫子庙广场还有西洋镜表演。西洋镜又称"拉洋片"，一般分大小两种。小型俗名"西湖景"，内容一半是风景画，一半是人物画，只能供三四人观睹。

这种洋片摊主能背着箱体到处流动，往街边巷口一停，摊主鼓钹一敲，人们很快就围了上来，都想一睹为快。

大型洋片有一辆客车那么长，一人多高，下面是半圈形大木盒，开有二三十个供观看的孔眼。上面悬着六七尺高的布制画片，一般有8张，又名"怯八张"。摊主置有特制的锣鼓架子，用绳子扯动，一只手操纵，顿时锣鼓齐鸣，边敲边唱，一手拉动洋片，更换画面配合述说。

还有一种不是画片而是类似机械化的活动人物，表演内容一般是《水漫金山寺》《哪吒闹海》之类的历史故事。

西洋镜18世纪末就已在我国流行，清代顾禄在《清嘉录》记载："江宁人造方圆木匣，中辍花树禽鱼之类，外开圆孔，蒙以五色玻璃，一目窥之……谓之西洋镜。"

清代西洋画未传入以前，夫子庙一带的西洋镜是中国镜，以民间画形式出现。后来在我国传统的民间绘画基础上，用这种新的绘画技法，使观众通过凹凸镜片看画时，增加深度层次和立体感，使观者感到如临其境。

除了习武、魔术、木偶、相声、西洋镜表演外，说书、马戏、杂耍、唱小曲等多种表演也是丰富多彩，精彩频出，其技艺令人目不暇给、眼花缭乱，是一场名副其实的视觉盛宴，游人可算是满足了眼福之欲。

阅读链接

夫子庙前除了武术、魔术、皮影戏等表演外，还有很多行医药摊在此摆设卖药，为夫子庙又增添了一份热闹。

李时珍曾在明代万历年间来到南京寻求出版《本草纲目》，他曾多次来到夫子庙涉足药摊铺，接触了很多药商和药农，了解到不少外国药物的行情，并在南京近郊找到了太子参、党参、何首乌等珍贵药材。

# 民风浓郁的传统春节

春节是我国最隆重的传统节日，每当新春佳节前后，秦淮地区就成为最热闹的地方，各种年货无所不备，秦淮人蜂拥前往。

夫子庙和三山街等地区，游人如梭，接踵摩肩，街上花灯、竹地嗡、鞭炮礼花、气球脸谱、泥人玩具等各种耍货琳琅满目。

茶馆座无虚席，吃食店顾客盈门，各种风味小吃数不胜数。戏剧、说书、木偶、杂耍等各种表演不胜枚

古代卖花灯场景

■ 贴春联木版画

举，整个秦淮地区都沉浸在一片喜气洋洋的气氛中，直至正月十五花灯过后，这种热闹的场面才逐渐回落。

春联又称"楹联"，是我国的一种独特的文学形式。它以工整、对偶、简洁、精巧的文字描绘时代背景，抒发美好愿望，是我国一项宝贵的文化遗产。

春联一般是在除夕粘贴的，这项习俗是明太祖朱元璋倡导开来的。朱元璋为了取吉利，曾令春联要用朱砂染笺，红艳不褪，名之"万年红"，暗含朱氏江山千秋万代，不变天之意。

明代以前，秦淮人过年不是贴万年红，而是在门的两侧挂"桃符"，桃符上绘制神荼和郁垒二门神用以避邪。由于朱元璋的极力提倡，新春联才逐渐流行起来。

除夕这天，秦淮人家家户户打扫完毕后，都在门上新贴上一副对联，增添喜庆气氛。

夫子庙有各种各样的春联供应，形状有竖条、长联、横批、方块等形状。纸的颜色有元丹、朱红、泥金、洒金、贴金灯。一般多用元丹纸，只有灶王爷像用绿色，寺庙用黄色。

除了贴春联，秦淮人家还在室内悬挂年画和门贴图像，年画又称作"岁朝图"。年画一般用木刻版印而成，设计构图，富有民间艺术特色。

春节之夕，夫子庙售卖各种民家传统的年画和门贴图像，其种类繁多，多为忠孝节义、文武财神、戏剧仕女之类，也有描绘风景习俗、民间传说等内容的。

木刻年画，早在明代初期，秦淮河已有产出。春节时，各种色调艳丽的木刻年画就纷纷登上夫子庙的各种摊床。

秦淮门贴图像历史悠久，种类多样，内容因人而异。有钱人家还专门请画家在书房客厅门心上画"岁朝清供"、"岁寒三友"、"喜鹊登枝"等吉祥喜庆图画。

门贴图像中，最受秦淮人欢迎的是财神像。供奉财神像在秦淮地区极为兴盛，市贾商旅无不把供奉财神像当作最隆重的事情来对待。

在秦淮地区，除夕晚上吃年夜饭。饭前先祭祖，接灶爷。家家都极其恭敬请出祖宗的"喜神"像，挂在靠近八仙桌的墙壁上。

喜神像下布置一张系红桌帷的小桌子，桌上放供果、烛台、香炉，还在每帧影像下放一盏盏碗茶。

祭祖礼毕，全家大小围坐在一起吃年夜饭。年夜饭上有两道菜必不可少。一道是什锦菜，一道是红烧鲢子鱼。

什锦菜是把酱姜瓜、胡萝卜、金针菜、木耳、冬笋、白芹、酱油干、千张皮、面筋、黄豆芽等10多种素菜，

拜年图

切丝以油炒成。红烧鲢子鱼寓意"连年有余"。

初五以前，每顿饭都要端出上桌，只可以看，不可享用，直至初六才可以吃。从初一起，直至初四，不许扫地，不许动刀尺，不许再煮饭，连茶水都不许乱倒，必须倒在事先准备好的盆桶内。据说水是正财，积存茶水，就是意味着积存钱财。

年夜饭后收拾完毕，全家围坐吃"福寿汤"，边吃边聊。"福寿汤"取"红枣、福建莲子、荸荠、天生野菱，合煮食之"，寓意"洪福齐天"。

接近子夜，年幼的给长者拜年，长者将事先预备的"红包"赏给幼辈，叫"压岁钱"。家庭主妇要取炒米团两个，插上小红绒花，掷于床下。据说除夕夜老鼠嫁女儿，送它一份人情，一年中可免鼠患。

子夜时分，家家鞭炮齐鸣，礼花喷放，所谓爆竹声声除旧岁。

大年初一迎新年，秦淮人民间把农历元旦叫"大年初一"。早晨起来盥洗完，先喝糖茶一碗，再以发糕、年糕等祭神，焚香烛，放鞭炮，叫作"迎新年"，然后才吃早餐。

新年五天，一般吃年糕、馒头、面条等面食，不吃米饭。

大年初一，秦淮人一般在午后出门，第一次出门要迎着"喜神"方向走，叫作"兜喜神"。出门活动主要是逛闹市看热闹，感受新年的喜庆气氛。

秦淮地区新年最热闹的地方是夫子庙，泮宫前广场及旧贡院前，人山人海，异常热闹。

秦淮人从新年初二起开始拜年。拜年一般是晚辈先去长辈家登门拜贺。亲友较多的事先要排好路线名单，才不致遗漏。

还有一点迷信的风俗，就是到第一家拜年的亲友，一定要注意他的姓氏谐音含义是否吉祥，一般第一家不去姓吴、姓王的人家。亲友见面，必拱手祝贺"恭喜！恭喜！"或说"恭喜发财。"

贺客到家，先以糖莲子、松子等泡茶献客，然后再奉清茶和果盘。略事寒暄，客即辞出。不是至亲，一般不留饭。

在秦淮地区，人们认为正月初五是财神的生日，因此家家户户要

■ 放鞭炮的孩子铜像

秦淮画卷

秦淮文化特色与形态

■ 财神年画

纱帽 是我国古代官员戴的一种帽子，用纱制作而成。后用作官职的代称，包括白纱帽和乌纱帽，二者实为一种。白纱帽为南朝帝王所戴，自隋统一后，仍沿用此名。至唐时所用材料已改用乌纱为之，所以称为乌纱帽。

吃面条为财神贺寿，叫"吃财神饭"。

传说财神会误把面条当作串钱的绳子，给贺寿人很多钱串在面条上，故又叫作"吃钱串子"。也有吃"财神糕"的，"糕"与"高"同音，寓意钱越叠越高，粮食囤子越圈越高。

富贵人家常在屋顶第二路桁条上，悬挂大红纸印的五张"财神马子"，叫福、禄、寿、喜、财五路财神。

初五商家尤为重视。清晨除焚香烛、鸣鞭炮、虔诚礼祀"财神"，叩求财神庇佑发财致富外，这天还是职工人事进退的日子。

旧时商家辞退职工，只要初五中午吃"财神酒"时，请他坐上首席，老板向他敬一杯酒，就算辞退解雇。职工也就只好吃下这杯闷酒，另找生路了。

年初一从清早至下午太阳落山之前，一些穷人拿写着"财神"两字的红纸条或水印财神图像，到人家门口喊"财神到"、"财神安坐了"、"财神到门上了，接财神吧！"

送一张红条财神，接财神人则要主动给点钱或干粮，叫"财神钱"或"财神糕"。

有的穷人到戏院内租一顶纱帽和一件红袍，再用金箔糊成一个纸金元宝，打扮成一个活财神：

头戴乌纱，身穿红袍，套上假面具，手捧大金元宝。一班人敲锣打鼓，每到一家门前，走几个方步，把金元宝向门内空扔三次，可以多讨一些钱和干粮，这叫"跳财神"。跳财神可以从初一跳至初五，初六就不许再跳。

大年初八、正月十三、十五，都是"上灯"日。正月十五又叫作"上元"、"元夜"或"元宵节"，秦淮人也称之为"小年"。

过小年的主要内容就是吃"元宵"、赏花灯。晚上，家家张灯结彩，孩子持灯游走街头，叫作"跳灯"。灯市以夫子庙花灯最盛。

正月十八叫作"落灯"日，意味赏灯到此为止了，秦淮俗语称为"上灯元宵落灯面"，十八晚饭家家吃面"。

**阅读链接**

明太祖朱元璋微服来到夫子庙一家酒楼独饮，碰到一位名叫任福的国子监监生。

朱元璋得知他是重庆人后，便出了上联道："千里为重重水重山重庆府。"

任福答道："一人为大大邦大国大明君。"

朱元璋听后十分欣赏，第二天便派他做了浙江布政使。正是由于朱元璋的大力提倡，才使得南京地区春联极为盛行。

# 百年老店的马祥兴名吃

南京地区的清真风味菜肴历史悠久，远近闻名，百年老店马祥兴菜馆是南京地区清真风味菜馆的最出名的代表，誉满秦淮。

马祥兴老店原先坐落在中华门外，始创于1845年。马祥兴菜馆菜肴的特色清淡适口，味美醇和，用料新鲜，原汁原味。

南京烹制清真菜肴的饭店大体有两种：一种是北方菜系，主要以牛羊肉为主要原料；一种就是以鸡、鸭、蛋、鱼、虾为主要原料的本地风味。

马祥兴菜馆融北方清真风味与江南食材佳肴为一炉，恬淡清雅、口齿留香。

马祥兴菜馆以著名的美人肝、凤尾虾、松鼠鱼、蛋烧卖四大清真

南京美食

■ 南京松鼠桂鱼美食

名菜而远近闻名，其中美人肝独具特色，被世人视为珍品，冠于四大名菜之首。

美人肝这道名菜是用南京人叫作"胰子白"的鸭胰脏为原料烹制而成的。

早前一般清真菜馆的烧鸡、烤鸭、炖鸭、鸭脯、鸭舌、鸭掌等都属知名的佳肴，胰脏从未上过席面，马祥兴菜馆的厨师觉得弃之可惜，也就用胰脏来点缀菜肴，倒也鲜嫩可口。

相传，有一位中医名家在马祥兴菜馆设宴请客，要了一桌"八大八小"的筵席，刚巧有一原材料已用完，缺少一菜。

正当厨房紧张之际，厨师马定松突然看见盛放在清水中鲜嫩诱人的鸭胰白，他灵机一动，与其他几位师傅一合计，便将鸭胰白油爆后配之鸡脯、冬菇、冬笋，用鸭油炒制成，做出一菜，并给它起了一个"美

中医 我国传统医学，是研究人体生理、病理以及疾病的诊断和防治等的一门学科。中医学以阴阳五行作为理论基础，将人体看成是气、形、神的统一体，通过望、闻、问、切，四诊合参的方法，探求病因、病性，进而确定医治方法。

秦淮画卷

秦淮文化特色与形态

■ 南京特色菜品

凤凰 在远古图
腾时代被视为神
鸟而予崇拜。用
于比喻有圣德之
人。它是原始社
会人们想象中的
保护神，经过形
象的逐渐完美演
化而来。它头似
锦鸡、身如鸳
鸯，有大鹏的翅
膀、仙鹤的腿、
鹦鹉的嘴、孔雀
的尾。居百鸟之
首，象征美好与
和平。也是古代
传说中的鸟王，
雄的叫凤，雌的
叫凰，通称凤。
是封建时代吉瑞
的象征，也是皇
后的代称。

人肝"的名字。此菜一上桌，色香诱人，乳白光润，赢得一片赞赏声。从此"美人肝"盛名传播，身价百倍，一跃为名菜之冠。

美人肝爆制时火候很考究，火候不足软而不酥，火候过头皮而不嫩。马定松做此菜最为拿手，他投料准确讲究，火候控制得当。马定松17岁进店学徒，在马祥兴菜馆干了半个世纪以上。

"凤尾虾"是马祥兴菜馆首创。该菜选用鲜活大河虾，以大青虾为最。

有一次，小学徒在挤虾仁时，没有挤干净，留了尾部半截壳没挤下来，放油锅里一走，结果壳红肉白，十分好看。

厨师见后灵机一动，干脆将青虾全部去头壳、身壳，留尾壳，去红筋，上浆，配以青豆、冬菇丁、笋丁、葱白，然后用鸭油爆炒。

上桌后，只见其肉白尾红，如艳丽的凤凰尾巴，令人赏心悦目，遂将此菜取名为"凤尾虾"，成为"四大名肴"之一。

马祥兴菜馆的松鼠鱼多是用鳜鱼为原料，剞花刀成松鼠身，用鱼的下颚倒置做头，形象逼真，色泽金黄。鱼竖伏盘中，很像俯首缓行的松鼠。

鱼炸成后速端上桌，浇上卤汁，"吱吱"有声，犹如松鼠欢鸣，色、味、香、形、声俱全，它巨口细鳞，骨疏少刺，皮厚肉紧，营养丰富，味美异常，是春令的时菜。

也正由于此，晋代人曾说清炖鳜鱼是"黄颔腥"，唐人说其肉是"白龙腥"，把它比成天上的龙肉，可见其鲜美之程度。

马祥兴菜馆的松鼠鱼是这样产生的，有一位客人提出要吃"活菜"，厨师马定松即选750克左右的鳜鱼，以"猛虎下山"刀法，从鱼头腮边下刀。将龙骨和肚皮刺骨都去掉，鱼肉改刀成斜方块，刀刀切到皮，但鱼皮一点也不破。

切好后，以少量的葱油、盐水拌芡，将粉液裹住鱼身，放在八成火的油锅里炸，见黄即起锅，外脆里嫩，外形像一只松鼠。再把锅烧热，将醋、糖勾成汁，上桌一浇，只听鱼"吱吱"作响，颇像松鼠鸣叫，活脱

**龙** 在我国古代神话与传说中，是一种神异动物，具有九种动物合而为一之九不像的形象，为兼备各种动物之所长的异类。传说其能显能隐、能细能巨、能短能长。上下数千年，龙一直是华夏民族的代表！是中国的象征！

■ 南京特色菜品

■ 南京休闲食品麻辣龙虾

脱一条小松鼠上桌。

"四大名肴"之一的"松鼠鳜鱼"就此诞生了。

蛋烧卖并不是真正的烧卖小吃，是厨师金宏义针对食客的喜好，用蛋皮裹以虾仁，做成烧卖状，用气锅蒸熟后，再浇上用鸡汁、菱粉、鸭油调成的卤汁。

一笼色泽艳丽，小巧玲珑的"蛋烧卖"就此出笼了。蛋烧卖有卧式、立式两种形状。

马祥兴菜馆除四大名菜驰名外，其拿手的菜还有鸭肴，其中最出名的要数烩鸭掌了。

家禽爪跖本系下脚料，不登大雅之堂，但一经马祥兴菜馆名厨妙手炮制，便成了美味佳品。马祥兴菜馆的烩鸭掌，先用水煮八成熟，再剔骨去筋，保持原形烧制成。

鸭舌具有清热的显著效果，南京人喜用它炖汤给幼儿或病人吃。据说慈禧太后特爱吃鸭舌，每月都要吃几次。乾隆时江南鸭舌名菜已有不少，如芙蓉鸭舌、翡翠鸭舌、醉鸭舌等，马祥兴菜馆几乎都有继承。

在马祥兴菜馆创办
人马思发的儿子马盛祥
继掌父亲的饭摊后，他
将饭摊迁至雨花台右边
的回族人集居地"回回
营"，正式职名"马祥
兴"。"祥"字是取之
马盛祥的名字，"兴"
字即为兴旺之意。

■南京酱鸭

当时民间对马祥兴一类的"荒饭摊"有这样一段顺口溜："要吃
饭里面坐，小毛驴拴对过，大米饭香又白，牛肉烧萝卜，要吃吃，牛
肉炒小炒。"概括了当时马祥兴菜馆的营业方式。马祥兴菜馆开始只
经营素菜及"牛八样"。

马祥兴菜馆地处明代报恩寺塔的对面，中华门外又素为水陆码头
交集之处，客商来回频繁，马盛祥就请人写了一副"百壶美酒人三
醉，一塔秋灯迎六朝"的对联，挂在一轴古塔旧画的两旁。店堂布置
得古雅风趣，似明代老店，马祥兴菜馆的名声越做越响。

**阅读链接**

大约在1850年，清道光年间，河南一名叫马思发的农民
来到南京，为图生计，他在秦淮中华门外的花神庙摆了个饭摊
子，经营价廉的低档菜菜食，维持生活。

来他饭摊子吃饭的对象除了进城卖柴的农民外，还有驻扎
在花神庙一带的士兵，饭摊子无需招牌，由于马思发是回族
人，南京人惯称回族人为"回回"，大家也就称之为"马回回
饭摊"，这就是马祥兴菜馆的前身。

# 独特的传统风味小吃

　　秦淮传统风味小吃历史悠久，品种繁多，自六朝时期流传至今，有80多个品种，有荤有素，有甜有咸，形状各异，百吃不厌。

　　秦淮小吃明清时期便有了名气。吴敬梓的《儒林外史》有这样一段描写：

　　推杯换盏，吃到午后，杜慎卿叫取点心来，便是猪油饺

■秦淮精品小吃

饵、鸭子肉包烧卖、鹅油酥、软香糕，每样一盘拿上来。众
人吃了，又是雨水喂的六安毛尖茶，每人一碗。

　　秦淮是我国四季茶食的产生地和发源地之一。随着历史上各种节
令风俗的产生，秦淮传统的时令糕点茶食因时更新，各种茶食店铺、
摊贩小食鳞次栉比，形成我国东南历史最久、独具传统特色的饮食
之区。

　　秦淮的糕点一向以工艺精细、造型美观、选料考究、油糖适中、
风味独特而著称。从清代起，秦淮各种糕点几乎皆备，但以苏扬式为
主，其次有清真、京式、宁式、广式及西式等。

　　苏扬式糕点具有苏州糕点和扬州糕点的风味，苏式糕点吸取了扬
州糕点的精华，代表江南地区的糕点制作技艺，故又被人们称之为
"南式"糕点。

　　南式糕点品种繁多，饼类和糕点占据重要位置。饼类以油酥皮子
糖料馅为其特色。在选料上广泛使用松仁、瓜仁、桃仁、蜜饯、芝麻
和板油等，并辅以桂花、玫瑰等天然香料调品，成品具有甜、软、

■夫子庙月饼

肥、糯、松、酥、香、脆的风味特点。

夫子庙的"小苏州"、"稻香村"等，都是经营苏式糕点的著名店家，扬州糕点多在秦淮茶馆酒家经营。

八月十五中秋节，我国人有吃月饼的风俗，秦淮的月饼久负盛名，在制作上也以精致闻名，花色品种繁多。

秦淮月饼以夫子庙月饼为最，各店号以广帮、苏帮和本地帮三种招揽顾客，其形式、选料与制法各有千秋，但都不会使用糖精。

在经营风格上，"三帮"也各有其风格。秦淮广帮月饼主要是火腿、咸肉、枣泥、芙蓉等；苏帮月饼以酥润香甜，甜而不腻为特色；秦淮本地帮月饼主要有荤五仁和素椒盐两种，后来增加了枣泥、豆沙、香肠、火腿等品种。

麻油徽子脆麻花是秦淮地区很大众化的小吃食品，历史悠久，流传甚广，秦淮河畔或大街小巷，几乎到处有叫卖声。

宋代陶谷的《清异录》记载了七妙：

金陵士大夫渊薮，家家事鼎铛，有七妙：齑可照面，馄饧汤可注砚，饼可映字，饭可打擦擦台，湿面可穿结带，醋可做劝盏，寒具嚼着惊动十里人。

《清异录》 北宋时期陶谷所著的一部笔记，它借鉴类书的形式，分为天文、地理、君道、官志、人事、女行、君子、释族、仙宗、草木、花、果、蔬、药、禽、兽、虫、鱼、居室、衣服、陈设、器具、文用、武器等37门，每门若干条，共661条。

齑是切碎的咸菜，腌制得油光滑亮，竟然能照见人面；混沌汤能注砚入墨；烙饼薄切透明，能映出背面的文字；米饭颗粒油滑，竟然不粘桌台；面条柔软有韧劲，可"穿孔结带"而不断；醋的香醇能代酒喝，而馓子麻花的香脆，嚼之竟能"惊动十里人"，说明它独具的香脆是多么诱人。

秦淮的糖货可说是我国传统茶食糖点的象征。糖货也称"南糖"，历史悠久，起源可追溯至周代。我国糖货一向以选料讲究、工艺精细、风味可口著称。秦淮的糖货摊主要有两种，一是十景糖货；二是唱卖的梨膏糖。

十景糖货花色品种繁多，最常见的有菱形花生酥糖、芝麻花生糖、浇切片、花生糖、董糖、芝麻糖、橡皮糖、脆松糖、麦芽糖以及各色粽子糖等。

■ 脆麻花

秦淮夫子庙的梨膏糖久负盛名。梨膏糖有方块形的，有半流质的，还有现制现卖的。摊主一般是两人，一人边拉小手风琴边唱梨膏糖小调。这种独特的经营方式

■ 梨膏糖

使得梨膏糖名扬四海，历代相传。

每年正月十五上元节，南方人有吃元宵的习俗。秦淮的元宵从明代初期以来一直闻名全国，不仅元宵摊担随处可见，而且元宵店铺林立，其元宵花色品种丰富多彩，其吃法也多样，有煮、炒、炸等吃法。

秦淮的咸味食品也独具特色，各种咸味小食摊数不胜数，最为普遍的咸味食品为五香鸡蛋老卤干、油炸回卤干、牛杂汤、羊肉汤、鸡鸭血肠汤等，后来这些特色小吃发展成为"秦淮八绝"，更加闻名。

五香鸡蛋老卤干用的豆腐干，十分讲究，以去壳清浆压制成的豆腐为上乘，并且点浆要恰到好处，过浓则食后涩嘴，过淡则豆腐软塌，炸煮后缺少韧劲。

卤茶蛋取料贵在新鲜，最讲究用"头生蛋"。鸡蛋煮熟剥壳后轻轻划几刀，以便透味，入锅加料烹煮，要用文火。

秦淮的牛杂汤、羊肉汤别具风味，多在冬季供应，物美价廉。牛杂汤中有牛的肝、心、肚等，羊肉

**仙人** 即神仙，是我国本土的信仰。仙人信仰在我国早在道教产生之前就有了，后来被道教吸收，又被道教划分出了神仙、金仙、天仙、地仙、人仙等几个等级。远在佛教传入我国之前，我国本土就有了仙人的信仰。佛教传入我国之后，把古印度的外道修行人也翻译成了仙人。

汤中有小羊排和萝卜圆子。冬天吃这两样食品，解馋，又可增强抵御风寒的能力，秦淮人特别爱吃。

秦淮的鸡鸭血肠汤十分有名，整块鸡鸭血去除四边，切成半厘米的方块，再选用鸭的肠、心、肝等与汤同炖，然后切碎，配入鸡鸭血块中。煮熟后，汤清见底，有嫩脆鲜香、美味可口的特点。

在秦淮卤菜中，有一款有着"仙人之食"美誉的成鸭肫十分有名。南京盛产南京板鸭、盐水鸭等，因而便有大批鸭肫。

鸭肫制作并不复杂，剖洗净的鲜鸭肫只需在缸内腌一昼夜即可出缸，然后用细麻绳穿成10个一串，在阳光下曝晒三四天，每天收时挨个用手压扁一次，直至肫底板发青、体质板结、颜色黑亮，再收入室内风干即成。

鸭肫素以腊月前后制作的质量为佳，能保存半年以上不变其真味。鸭肫除一般腌制外，还有多种花色品种，秦淮各腌腊卤菜店中，尤其以兰花鸭肫、凤尾鸭肫和菠萝鸭肫为佼佼者，非常诱人。

秦淮鸭肫制作方法是在选出的优质鸭肫背上用刀划出片状的花纹，在多种佐料配制的老卤中腌制，凤尾肫须在老卤中加川椒香辣等佐料。

■南京咸水鸭

成品具有川菜味，经整形风干后再抹上小磨麻油，外形极似兰花和凤尾，油黑发亮，香味扑鼻。吃时洗净后切片放碗中蒸15分钟至20分钟，或整煮后切食，清香爽口，鲜美隽永，是佐餐的佳品。

菠萝鸭肫则是用熏烤法制，在优质鲜肫背上用刀划出十字花纹，浸入配制的卤汁，再用钩子钩住熏烤，然后再入卤汁，再熏烤，反复数次。

制成的鸭肫收缩，形如菠萝，外裹卤汁，宛若一粒粒大水晶葡萄，咸中带甜，香味浓郁。

秦淮的炒货也是独具特色的传统食品，花色品种繁多，如豆类就有五香豆、桂皮豆、爆蚕豆、多味豆等；花生米有五香、椒盐、玫瑰、糖衣等区分；瓜子有黑瓜子、白瓜子、葵瓜子等。

秦淮夫子庙的炒货成了人们闲情逸致时不离嘴边的茶食，每逢新春佳节或者喜庆日子，秦淮人都要来此购买。

**阅读链接**

状元豆是秦淮夫子庙的特色小吃之一。

相传清代乾隆年间，居住在城南金沙井旁小巷内的寒士秦大士，因家境贫寒，每天读书到深夜，他的母亲就用黄豆加上红曲米、红枣煮好，用小碗把豆子装好，上面加一颗红枣给他吃，并勉励他好好读书，将来好中状元。

多年以后，秦大士考中了状元，此事传开，状元豆便出了名。一些小贩就利用学子的这种心理，在夫子庙贡院附近卖起了状元豆，讨口彩说"吃了状元豆，好中状元郎"。状元豆实际上就是五香豆，和五香蛋一样，五香豆入口喷香，咸甜软嫩，细细品尝，趣味横生。由于烹制入味，一般色泽呈紫檀色，入口富有弹性，香气浓郁，让人吃起来就停不住嘴。

# 千古风情

秦淮地区历来就是个风雅之地，正所谓"江南佳丽地，金陵帝王州"。秦淮人杰地灵，景色绝佳，又是祭拜孔圣人的圣地，还是东南各省的文化教育中心，它吸引了众多文人骚客不远千里来此游历，慕名而来，尽兴而归，一咏再咏。

秦淮"甲天下"的春灯画舫、惹撩情思的秦淮秀水、独树一帜的灯彩奇葩，还有"你方唱罢我登场"的戏曲，都为秦淮的风雅神韵注入了无穷的活力，造就了独特、极富魅力的秦淮文化。

# 悠悠情思的秦淮碧波

　　秦淮河有南北两源，北源句容河发源于句容宝华山南麓，南源溧水河发源于南京溧水区东庐山，两河在南京江宁区方山埭西北村汇合成秦淮河干流，绕过方山向西北至外城城门上坊门进入南京市区。

■秦淮碧波

■秦淮河风光

　　秦淮河在南京城东南通济门外九龙桥处分为内、外两支：内秦淮
为正流，过九龙桥直向西，由东水关进入南京城。

　　向西流至淮清桥与青溪会合，再向西南在利涉桥汇小运河，再经
文德桥、武定桥、镇淮桥转折向西北，过新桥至上浮桥、陡门桥，与
运渎水会合，再过下浮桥，向西经过夫子庙，从西水关出城；

　　外秦淮在南京城南外绕行，是南京的护城河，过九龙桥向南转折
向西，经长干桥后汇合落马涧，向西至赛虹桥、觅渡桥在西水关外与
内秦淮复合，合流后向北经草场门、定淮门、石头城，经三汊河汇入
长江。秦淮河以它的清清碧水闻名于世，《上江两县志》记载：

　　　　长桥烟水，清泚湾环，碧杨红药，参差映带，最为歌舞
　　胜地。

　　碧波荡漾的秦淮河也是历代诗人千歌万曲、咏唱不已的题材。秦
淮河水在诗人们的描绘下，波光粼粼，一碧千古，正如萨都剌在《金

■ 秦淮河美景

秦淮画卷

秦淮文化特色与形态

陵怀古》中所说"到如今，只有蒋山青，秦淮碧"。

秦淮河是条古老的河，旧时，水西门外秦淮河西岸有许多木行、竹行。每当秦淮河面被江水抬得高高的，就到放排的时候了。

从湖南、安徽一些地方沿长江漂流而来的木排、竹排，由小火轮牵引着从三汊河口驶进水西门码头，排客们用竹篙左右调整着筏排的航向，宛如驾驭着一条巨龙在河中游弋，小火轮冒着青青的烟，"呜呜"地鸣叫着，惹得沿岸居民和过路行人翘首观望，喝彩不迭。

夏日，当太阳升得高一些的时候，河面上攒动着孩子们的身影，筏排上漾着孩子们笑语，一批上岸了，一群下水了，河水整日里被搅得扑腾腾的。

夕阳西下，孩子们又三三两两地或坐或蹲或卧在筏排上，钓绳垂向水面，平心静气地等待鱼儿上钩。

江风习习，水波不兴，钓钩稳稳当当，如同被钉子钉死在水中。当日头完全落下时，每个孩子手里拎着几十条小鱼兴冲冲走回家中。

秦淮河水清净透明，河里有螺蛳、河蚌、小鱼、青蛙、蝌蚪、水草等动植物，这样就吸引了很多人来此打捞。

秦淮河里螺蛳和小河蚌很多，只要蹲在河边就可摸到螺蛳。孩子们摸螺蛳并非用于煮着吃，主要是用来做玩具。

摸到大的螺蛳，回家放在炉中烤，将螺蛳烤死，用钢针挑出肉体，然后用小瓦片轻敲螺蛳口，使螺蛳壳中心轴四周重量平衡，然后用大拇指和中指捏着螺蛳头，用力一拧，让螺蛳如同陀螺一样地旋转着玩。

清明前后，秦淮河边，青蛙在水草上产卵。孩子们会把卵连同水草采回家，放在院中的水缸里，每天观察，可观看到小蝌蚪出世。

一星期内不用喂食，小蝌蚪能自然吸收水中养分及水草带进的附带物，长成黑色的无肢有尾的蝌蚪。以后可撒些嚼碎的米饭，或捞些蟆虫来喂养，便可观察到蝌蚪先长出后肢，再长出前肢，同时尾巴逐渐消失，转变成青蛙的全过程。

**竹排** 又称"竹筏"，用竹材捆扎而成，是有溪水的山区和水乡地区的水上交通工具，流行于我国长江南部地区。竹筏用真竹配加刺竹捆扎而成。竹子的粗端做筏头高高翘起，细端做筏尾平铺水面。

■ 秦淮河风光

117

十里画廊

千古风情

　　清澈如许的秦淮河，一年四季都充满着勃勃生机，筏排上浣女银铃般的笑声、木棒拍打衣服的"砰砰"声、小船摇橹人的歌唱声、嬉水觅食鸭鹅的欢叫声，和着微风与水的柔波，袅绕到人们的耳际，新的一天就这样开始了。

　　历代歌咏秦淮碧水的诗句很多，他们特别赞美秦淮水的明净。

　　孔尚任在他的名著《桃花扇》中写下"梨花似雪柳如烟，春在秦淮两岸边；一带妆楼临水盖，家家分影照婵娟。"秦淮河的春水清得可让姑娘们对水梳妆，映照婵娟。

　　清代诗人王渔洋的著名组诗《秦淮杂诗》描写秦淮碧水道：

　　　　玉窗清晓拂多罗，处处凭栏更踏歌。

　　　　尽日凝妆明镜里，水晶帘影映横波。

　　　　十里秦淮水蔚蓝，板桥斜日柳毵毵。

　　　　栖鸦流水空萧瑟，不见题诗纪阿男。

这首诗显现出当年蔚蓝的秦淮河水碧如明镜，诗中充满了丰富的感情色彩。

诗文中所提到的阿男，即是明代末期金陵著名女诗人纪映淮，她字阿男，祖居金陵，其兄纪伯紫及父纪青都是颇负名气的文人，阿男诗词婉约清丽，有李清照之风。

纪映淮在初渡秦淮时，曾写过一首赞赏秦淮秋水风光之情的《竹枝词》：

> 栖鸦流水点秋光，爱此萧疏树几行。
> 不与行人绾离别，赋成谢女雪飞香。

还有些咏唱秦淮水的诗赋，不是蘸着浓丽的色彩写河水的澄清、河畔的繁华，就是和着隐隐的哀痛感

《桃花扇》 清代初期一部传奇剧本，作者清初作家孔尚任。作者将明代末期复社文人侯方域与秦淮李香君的悲欢离合同南明弘光朝的兴亡有机地结合在一起，塑造了一系列栩栩如生的人物形象，作品在历史真实与艺术真实相结合方面取得了巨大成功。

■秦淮河水

■秦淮河古建

叹逝去的绮梦。

南唐后主李煜《浪淘沙》诗中有"晚凉天静月华开，想得玉楼瑶殿影，空照秦淮"；

唐代诗人欧阳炯的《江城子》中的"晚日金陵岸草平，落霞明，水无情。六代豪华，暗逐渐波声"。

明代末期茂曙瀛《秦淮舟泛》诗中"桥下溪流燕尾分，湾头新水惯湔裙"。

清代洪瀛《秦淮舟泛》诗中"处处云因歌吹驻，年年水为画图流"等。

阅
读
链
接

随着唐代诗人杜牧的诗《泊秦淮》：

烟笼寒水月笼纱，夜泊秦淮近酒家；
商女不知亡国恨，隔江犹唱后庭花。

诗作流行后，秦淮河之名才被广泛称呼使用。

# 盛誉天下的秦淮画舫

江南的三月十分怡人，草长莺飞，柳软花香，丽日春风，桃花绿水，人们纷纷来到秦淮、青溪边，踏青嬉水、消灾求福。南京人三月游秦淮的风俗历史悠久，此后，又以游秦淮画舫而代之。

每当夕阳西下、华灯初上，人们纷纷漫步秦淮河畔，乘灯船泛舟，其情其景令人神往。碧波悠悠的秦淮河水，吸引着无数名士游子在这里留下了踪迹，他们泛舟唱和，借舫消暑，发思古幽情，寻六朝之风月。

秦淮游船俗称"花船"或"灯船"，又名"画舫"，多集中在夫子庙前，各式大小画舫栉比地排列在文德桥和利涉桥之间，画舫张灯结彩，满布香花。

秦淮河风光

游客从夫子庙上船，从泮池旁出发，沿着两岸的河厅朱楼，向东驶过利涉桥至东关头，转向大中桥。

秦淮河两岸灯火辉煌，笙歌彻夜。两岸垂柳拂水，花木扶疏，河上微波荡漾，清风阵阵，为秦淮的消暑胜地。华灯初上时，秦淮河里一队队前行的画舫宛如火龙蜿蜒。

秦淮画船素有"盛天下"之誉，很多人来此泛舟之后认为"秦淮河里的船比北京万生园、颐和园的船好，比西湖的船好，比扬州瘦西湖的好，这几处的船不是觉得笨就是觉得简陋局促，都不能引起乘客们的兴趣。"

秦淮河的游船由大至小分为五等，即走舱、小边港、气不忿、藤棚和小七板。

走舱是旧时秦淮最大的画舫，十分富丽堂皇。走舱俗名"大边港"，又叫"楼船"，分前中后三舱。

它船头有篷廊，上悬该画舫名称的匾额，四周悬挂红黄蓝紫各色玻璃彩灯，夜晚灯光闪烁，五光十色，与河水映辉，十分耀目。篷廊下通常放置藤躺椅、茶几、小凳等，游客在此可以对弈品茗、观景聊天。

两边船舷可以行人或撑篙，船边嵌有雕花栏杆，上悬挂屏条书画。经船廊至前舱，珠帘轻垂。中舱放置大圆宫桌，放有小型盆景和兰花、茉莉

■秦淮河上的灯船

花、夜来香等，清幽馨香。

后舱设有炕铺，上面放着小茶几，后面有屏风，悬挂着字画或大镜子，酒醉后可在此卧躺休息。船尾有船楼，沿小梯登临，楼上桌椅什几齐全，供游人登高览胜或纳凉。

各舱皆备有干果香茗。另外，走舱还可以承办酒席，各色船菜齐备。

■ 秦淮河画舫

走舱豪华富丽。画舫上有舵工一人，篙工三四人，伙计两人。走舫设备齐全，雕绘精致，明窗洁几，古色古香。

小边港是改装的新式画舫，船上布置稍逊于走舱，又称"四不像"，它只有前后舱，但也可以容纳一二十人起坐。小边港多供人纳凉夜游用。

气不忿为中等船，前为精巧的篷廊，放置藤椅、茶桌等物。后为大舱，可容八人至十人宴聚。船身略小，但移动方便，一般小型宴会多雇用此船。

藤棚是小船，船头有藤椅两张，中舱仅容一张牌桌，这类船常招揽牌友来此玩牌。

小七板也是小船，船头有藤椅、杌凳各两把，船舱狭窄，船工一人，索价低廉。

现代作家朱自清对这种船描写道：

　　七板子规模虽不及大船，但那淡蓝色

**画舫** "舫"是船的意思，"画舫"就是装饰华丽的小船。一般用于在水面上荡漾游玩，方便观赏水中及两岸的景观。有时候画舫也指仿照船的造型建在园林水面上的建筑物，做法与真正的画舫较为相似，但是下部船体采用石料，所以像船而不能动，一般固定在比较开阔的岸边，也称不系舟。

■ 秦淮画舫

的栏杆，空敞的舱，也足系人情思。而最出色处是在它的舱前，上面有弧形的顶，两边用疏疏的栏杆支着，里面通常放着两张藤躺椅，躺下可以谈天，可以远望，可以顾盼两岸的河房。大船上也有这个，但在小船上更觉得清隽罢了。

小船与大船相比，可谓价廉物美，小巧玲珑，别具风韵。常有三三两两老人或文人学士借此乘凉聊天，也经常有情侣来此绵绵细语、谈情说爱。

过去租赁画舫的人很多，要先一天在文德桥畔得月楼茶社预先赁办，次日薄暮时在夫子庙泮池旁登船，可以在秦淮河上游玩至第二日晨，然后再在新奇芳阁或南园、问柳等茶社饮茶用早点。

秦淮河上除各式画舫以外，还有一些商品小卖船、演唱民间小曲的船只，这些船在水中穿梭来往。小卖船通常是一人在船头划桨，一人摇铃，以招买主。

有叫卖白兰、茉莉、珠兰、夜来香等鲜花的，有出售应时鲜果、糕点、甜食的，也有专门烹调船菜供应游船客人的，还有一叶扁舟唤卖酒酿的……

除游船外，两岸居户也可在河房窗口召唤，小船停在河窗下，河房内之人用长竹竿系一小箩筐，送上所需之物。

演唱民间小曲的船只等天色一黑，就在大中桥外往来不息的兜生意。船头有人手持小折，上书各种曲目，如《孟姜女》《小放牛》《十二月花》等，招揽点唱，每曲银毫两角，一银元点唱6曲，还有专唱南京白局的。虽然唱的多是民间小曲，但也别有风韵。

秦淮春灯画舫自农历端午节开始，至农历六月中旬为最盛。农历六月十一是祀"老郎神"庙会，是时河中画舫云集，前后相衔，灯火辉煌，颇极一时之盛。

"老郎神"庙会刚过，农历六月二十四"荷花生日"到时全城寺僧庵尼化缘集资，纷纷租秦淮画舫举行佛会。画舫中烟火缭绕，磬声悦耳，法器喧阗，佛经琅琅。

入夜，用油纸蜡烛做的荷花灯放入河中，顿时河面火光点点，灿若星空，谓之放花灯。

秦淮画舫游期到中秋节转凉后才渐渐停止，每至秋冬船舫停泊岸边，至第二年4月，进行一番油漆刷新装饰后再入秦淮。

**阅读链接**

秦淮地区农历三月初三游俗源于古祓禊之礼。

春秋时期的郑国于三月上旬巳日，男女偕同来到水边，执兰招魂，优游恋慕。

晋代时将三月初三称为"上巳节"，官民同乐欢度。

东晋时期永嘉元年的上巳节，开国皇帝司马睿在王敦、王导等大批北方有声望的士族的簇拥下，也来到秦淮青溪水边，参加民间的优游活动，江南士族代表顾荣、纪瞻等人相约前来拜见。

至唐代始将三月初三正式定为节令，诗人杜甫曾诗说道："三月三日天气新，长安水边多丽人。"可见南京人三月游秦淮风俗可谓历史久矣，此后又以游秦淮画舫而代之。

# 丰富多彩的秦淮花灯

　　秦淮灯会又称"金陵灯会"，是流传于南京地区的特色民俗文化活动，主要在每年的春节至元宵节期间举行。

　　灯会所燃的灯叫"灯彩"，也叫"花灯"，是我国聪慧的劳动人民为了增加喜庆节日的欢乐气氛而制作的一种传统民间工艺品，多用

■秦淮花灯

竹、木、藤、绸、布、麦秸和金属等材料精心制成，
取材方便，技艺精妙。

　　灯彩艺术是一门多艺术的集锦，与纸扎、装裱、
雕刻、剪纸、皮影、绘画、书法、刺绣、编织、建筑
等艺术门类有着密切的联系，属于一门综合的艺术。

　　秦淮花灯的品种繁多，主要有宫灯、球灯、花
灯、动物灯、转灯等，融南北灯彩特色于一体，具有
"做工精细、色彩艳丽、造型逼真、动感合一"的特
点，被称为"花灯的名品"。

　　历史上的秦淮灯会主要分布在南京秦淮河流域，
如建都于此的历代王朝宫殿内外，以及夫子庙、三山
街、笪桥、评事街、上新河等文化商贸繁华地带。

　　秦淮灯会源远流长，早在南朝时期就有元宵灯
会，其盛况堪称全国之冠，享有"秦淮灯彩甲天下"
的美誉。明代初期以来，著名的秦淮河"灯船"也随
之蜚声天下。灯会期间游人如海，万灯齐明，一派热
闹景象。

**皮影** 即皮影戏，
又称"影子戏"、
"灯影戏"，是
一种以兽皮或纸
板做成的人物剪
影，在灯光照射
下用隔亮布进行
演戏，是我国民
间广为流传的一
门传统艺术。表
演时，艺人们在
白色幕布后面，
一边操纵戏曲人
物，一边用当地
流行的曲调唱述
故事，同时配以
打击乐器和弦
乐，有浓厚的乡
土气息。

■ 秦淮河畔花灯

朱元璋（1328年—1398年），字国瑞，原名朱重八，后取名兴宗。濠州钟离人。明朝开国皇帝，谥号"开天行道肇纪立极大圣至神仁文义武俊德成功高皇帝"，庙号太祖。他结束了元朝民族等级制度，努力恢复生产，整治贪官，其统治时期被称为"洪武之治"。

根据文献记载，早在南朝初期，南京城为了祈求风调雨顺、家庭美满和天下太平，张灯结彩的景况开始从深宫禁苑、宗教场所走向民间大众，"灯火满市井"的场景颇为壮观。对此，梁简文帝萧纲、陈后主等都曾用生动的诗歌，描绘了南朝利用灯彩来增添节日气氛的社会风尚。

自明代开始，秦淮河畔灯火之盛天下所无，而仅秦淮灯彩的品种就逐渐地发展到两三百种之多。即使在端午节等其他一些节庆，张灯结彩的景象也高潮迭现。

明代开国皇帝明太祖朱元璋建都南京后，他为了招徕天下富商建设南京，营造盛世氛围，竭力提倡灯节这一盛事，他将每年元宵节张灯时间延长至十夜。从正月初八开始，至正月十七才落灯，使之成为了我国历史上时间最长的灯节。

1372年的元宵节，朱元璋更是别出心裁地下令在秦淮河上燃放万盏水灯，当时的场面蔚为壮观，热闹非凡。

1409年初，明成祖朱棣"赐百官上元节假十日"，并继续张灯结彩，营造节日气氛。

1412年，他又下令在南京皇宫午门外，集能工巧匠筹办灯会，精心扎制鳌山"万岁"灯，并且与民同

乐。据明代国史《皇明通纪》记载:

> 永乐十年正月元宵,上赐百官宴,听臣民赴午门外观鳌
> 山三日,自是岁以为常。

这种灯会规模宏大,以数百千种几万盏灯彩叠成山形,中间用五色玉栅簇成"皇帝万岁",经灯火一射,五光十色,熠熠生辉,观之眼花缭乱。

《南都繁会景物图》等画卷,形象描绘了焰火夺目的鳌山及老百姓观看演出的热闹场景。明代后期《正德江宁县志》所描绘的灯节,更是繁华得让人目不暇接。

明代诗人唐伯虎有诗记录了当时灯会的盛况:

> 有灯无月不娱人,有月无灯不算春,
> 春到人间人似玉,灯烧月下月如银。

笪桥是清代秦淮灯彩荟萃之地,清代人甘熙所著的《白下琐言》记载:

■招财进宝花灯

> 笪桥灯市由来
> 已久,正月初鱼龙
> 杂沓,有银花火树之
> 观,然皆剪纸为之。
> 若彩帛灯,则在评事
> 街迤南一带。五光
> 十色,尤为冠绝。

**宫灯** 我国彩灯中富有特色的手工艺品之一,又称"宫廷花灯",顾名思义是皇宫中用的灯。宫灯以雍容华贵、充满宫廷气派而闻名于世。正统的宫灯照型为八角、六角、四角形,图案内容多为龙凤呈祥、福寿延年、吉祥如意等吉祥图画。

■秦淮河畔花灯

笪桥是秦淮河支流上的一座著名古石拱桥,桥南有空旷地一块,素为金陵灯业者聚居之地,经营各种花灯。

史料记载,康熙帝南巡,元宵之夜微服出游到此地时说:"两边石栏上,皆系水晶玻璃各色绸绫纸绢及通草为花,粘于枝上,每一盏悬灯万盏,更兼池中荷荇凫鹭诸灯,亦皆系螺蚌羽毛做就的,上下争辉,水天焕新,真是玻璃世界,珠宝乾坤。"

当时花灯种类繁多,有色彩俱佳、古朴典雅的宫灯,有小巧玲珑、别具匠心的四川花灯,有外壳似空中楼阁、内心可借风旋转、结构精巧的走马灯,有玲珑剔透、富丽堂皇、针刺花纹的浙江彩灯,有五彩缤纷的龙灯,还有庄重秀丽的座灯,美观大方的挂灯。

各种花卉灯、动物灯和用绸缎扎制的人物灯,千姿百态,风采各异。

笪桥或夫子庙灯彩焰火齐集,乐曲悦耳动听,花灯辉动,火树银花,街上车水马龙,人来人往,热闹至天明。

秦淮河畔流光溢彩、桨声灯影、歌舞浪漫等繁华盛况,引得历代文人骚客、名士才子缱绻逗留,溢美之词不绝:"百花疑吐夜,四照似含春"、"一园灯火从天降,万片珊瑚驾海来"、"明灯初试九微悬,瑶馆春归不夜天"、"两岸红灯射碧波，一支兰桨荡银河"。

南京本土的文化艺术贯穿在秦淮灯会中，大大丰富了秦淮灯会的艺术内涵。在尽情表现和竞赛技艺的过程中，广大艺人从信仰习俗、爱美心愿和对未来憧憬出发，凭借直观感觉来尽情地表达自己的思想情感。

秦淮河畔花灯

艺人们既忠于生活又高于生活，在结构造型等方面善于借鉴文学艺术中的夸张变形、对比呼应、抽象写意、象征借喻等表现技巧，突出形式与趣味的探求、传统与现代的交接，讲究丰满浑厚、简约夸张等艺术布局，进一步强化了艺术的表现技法和制作手段。

艺人们在长期的创作实践中，坚持不懈地以形写神，以情动人，以美怡人，逐渐地形成了这些民间艺术的重要特征，进而提升了秦淮灯会的艺术水准。

**阅读链接**

曹雪芹在《红楼梦》中描述贤德妃贾元春归省庆元宵时说："两边石栏上，皆系水晶玻璃各色风灯，点的如银花雪浪；上面柳杏诸树虽无花叶，然皆用通草绸绫纸绢依势做成，粘于枝上的，每一株悬灯数盏，更兼池中荷荇凫鹭之属，亦皆系螺蚌羽毛之类做就的。上下争辉，水天焕新，真是玻璃世界，珠宝乾坤。船上亦系各种精致盆景诸灯，珠帘绣幕，桂楫兰桡，自不必说……"

曹雪芹写贾元春省亲赏灯，实际上是暗喻康熙皇帝赏灯时的盛况，也是当时秦淮花灯壮观的真实写照。

# 端午节龙舟竞渡风情

端午又称"端阳",有初始的意思。西晋周处的《风土记》记载:"仲夏端午,端者,初也。"午是十二支之一,原是指五月初五的仪式,因五与午同音,故称"端午"。

端午节历来受到人们的重视,各种习俗活动繁多。其中为纪念爱国诗人屈原而举行的端午节龙舟竞

■屈原(前340年—前278年),名平,又自云名正则,号灵均。生于战国末期楚国丹阳,即湖北省秭归。我国历史上最伟大的浪漫主义诗人之一,也是我国已知最早的著名诗人,世界文化名人。他创立了"楚辞"这种文体。代表作品有《离骚》和《九歌》等。他的出现,标志着我国诗歌进入了一个由集体歌唱到个人独唱的新时代。

■端午赛龙舟

渡，更是盛况空前，参与者众多。

屈原是战国后期楚国的左徒、三闾大夫、伟大的爱国诗人，遭受权奸谗害，目睹国破民亡，自己救国无望，悲痛焦急，于公元前278年农历五月初五含恨投身汨罗江殉难。后人称屈原为民族之魂。

为了纪念屈原，在这一天，家家户户悬挂剪成虎形的艾叶或菖蒲剑，所以端午还称"蒲节"，有的人家还悬五毒牌，以表示"辟恶除害，表彰忠良"，同时吃粽子、划龙舟，以寄托对爱国诗人的无限思念和崇高敬仰。

端午节这天，各地凡有江河湖泊处，条件许可的几乎都有赛龙舟纪念屈原的活动。千百年来的传统习俗逐渐演化成一种水上体育竞赛。

明代文学家李渔的《忆秦娥·秦淮水》形象地描绘了端午月昼夜灯船翻腾的盛况，诗中咏道：

秦淮水，年年五月翻腾起。翻腾起，千

**十二支** 也叫"地支"，天干地支是我国古人计时的方法，包括"子、丑、寅、卯、辰、巳、午、未、申、酉、戌、亥"。"天干"指的是"甲、乙、丙、丁、戊、己、庚、辛、壬、癸"。

**三闾大夫** 战国时楚国特设的官职，是主持宗庙祭祀，兼管王族屈、景、昭三大姓子弟教育的闲差事。屈原被贬后担任此职。

■ 秦淮河岸边准备竞渡的龙舟

门绮席，万家歌吹。灯船盛做丰年瑞，游观畅卜佳人喜。佳人喜，倾城一笑，灯花绽蕊。

南京地区流行一句民谣，说："五月五，划龙船，过端午。"每逢端午节，秦淮地区都要举行盛大的龙舟竞渡比赛，这个时候，南京人都要同往夫子庙秦淮河畔以观船为乐，这个习俗早已经形成。

龙舟竞渡俗称"赛龙船"。关于它的起源，《隋书·地理志》记载：屈原投汨罗江后，"土人追至洞庭不见，湖大船小，莫得济者，乃歌唱道：'何由得渡湖！'因尔鼓棹争归，竞会亭上。习以相传，为竞渡之戏。"是时"迅楫齐驰，擢歌乱响，喧振水陆，观者如云。"可见古时之盛况！

战国时期江南、金陵属于楚国，屈原死后楚人都

《隋书》又称《五代史志》，记载隋代历史的纪传体史书，记事起于581年，止于618年。《隋书》是唐代官修正史的代表作，《隋书》弘扬秉笔直书的优良史学传统，品评人物较少阿附隐讳，保存了大量政治、经济以及科技文化资料，是唐代初期所修五代史中较好的一部。

感到十分悲伤，于是来到汩罗江和洞庭湖居民一道，于端午节进行龙舟竞渡。

史籍记载：龙舟竞渡以"南京之秦淮河、扬州之广陵涛、常州之白云溪、上海之黄浦江、湖州之碧浪湖、嘉定之江龙潭、杭州之西湖、江阴之闸口为最盛"。

而南京秦淮河的龙舟竞渡最为有名，素有"甲江南"之誉。

此外，秦淮区的区志关于端午节的记载中，其中有一句是这样写的："午后，秦淮河有龙舟竞渡，观者蚁集"。

南京民俗的佳作《岁华忆语》所载，金陵龙舟向有三帮：

> 秦淮河船户敛资为之，曰河帮；外江船户之入城者，曰江帮；上新河之木商所集者，曰木帮。午日，各帮成集于夫子庙前的泮池……

不论是河帮，还是江帮，抑或是木帮，各帮龙舟均饰以彩亭，选相貌俊美的小儿扮演戏剧中的各种人物坐舟中，五六人敲锣打鼓助兴，梢头掌长竿，"长年之好身手者，于上做种种游戏。"

端午节这天，秦淮人不仅有赛龙舟这项传统纪念活动，还有其他

■龙舟竞渡

■端午节艾草

民俗活动。

端午节天一亮，秦淮家家户户的门窗上，都要插两棵艾草和两棵草蒲。艾草能避各种邪气，"蒲剑"是"斩妖剑"。传说唐代的魏征梦中斩蛟龙，用的就是草蒲剑。从此以后，各种瘟神恶鬼妖魔邪怪，见了草蒲就害怕。

房门上挂"艾虎"，就是用两个空鸡蛋壳粘在一起，蛋壳上粘些毛发，画成虎形，用线系起，下边再系一串用彩纸剪成的"五毒"形象，象征五毒踩在虎的脚下。

或用一个独头蒜系以彩色线，下挂一串"五毒"，叫"蒜艾虎"；或用刚收割的新麦秸编成古代武士用的六角金瓜形，下垂七缕彩穗，叫"麦秸艾虎"。这些艾虎挂在房门上，用意是辟邪，也成了节日点缀。

晚上，全家在一起喝雄黄酒，并把杯底沉淀的雄黄和成糊状，涂抹在孩子身上。饭后阖家同往夫子庙秦淮河看龙舟竞渡。

秦淮画卷

秦淮文化特色与形态

**阅读链接**

秦淮两岸人家当龙舟过时，陆续掷银角铜钱或放活鹅鸭，以与龙舟争之为乐，美称"夺标"。比赛过后，男女老幼倾城出游，罗绮如云，游船蚁集，富户人家还事先定租游舫，泛舟览胜。

现在秦淮河上经常上演龙舟竞渡，不仅仅只在端午节这天才有，因此，秦淮两岸的居民经常有眼福看到这热闹的盛事。

# 诗情画意的夫子庙茶馆

饮茶是我国具有文化内涵的一种活动。我国利用茶的年代久远，可以上溯至神农时期，但饮茶的历史相对要晚一些。

茶的种类繁多，大体上可分为绿茶、红茶、乌龙茶、白茶、花茶和紧压茶等六大类。除叶茶外，还有果茶、糖茶、松子茶、元宝茶等多种。

南京饮茶历史悠久，风俗礼节也很丰富。南京人过新年时，流行送糖茶

■ 夫子庙月台茶坊

■ 秦淮河边的茶座

江南 在历史上江南是一个文教发达、美丽富庶的地区，它反映了古代人民对美好生活的向往，是人们心目中的世外桃源。从古至今"江南"一直是个不断变化、富有伸缩性的地域概念。江南，意为长江之南面。在古代，江南往往代表着繁荣发达的文化教育和美丽富庶的水乡景象，区域大致为长江中下游南岸的地区。

和松子茶；逢年过节，学生都要向先生送元宝茶，元宝茶就是用茶叶水泡煮出来的鸡蛋。

还有一种称"砣茶"，这类茶是新嫁女或新女婿回门，娘家用开水打几枚鸡蛋加糖给女儿或者女婿喝，意即称心如意。

南京的茶馆最先是产生在寺庙里，后来才逐渐普及开来。六朝时期，秦淮河两岸的大小市上茶铺已经很兴盛，最初它们是人们休息饮茶的主要场所，而后逐渐形成各行各业人士联系交往的场所，茶馆就是在此基础上产生了。

从唐宋至明清时期，秦淮地区茶馆遍布大街小巷，已经成为秦淮这块繁华胜地的一个重要组成部分。夫子庙是南京历代茶馆的集中地，也是我国旧时茶馆的典型代表。

夫子庙地区大小茶馆几十家。有名的茶馆有问

渠、迎水台、万全、大禄、雪园、奎光阁、新奇芳阁、永和园、六朝
居、饮绿、市隐园、得月台、义顺、鸿福园、春河园、文鸾阁、天香
阁、麟凤阁、飞龙阁、天韵楼等。

夫子庙的很多茶馆都有一两百年的历史，有的还是戏茶厅，可以
一边品茗，一边看戏。茶资从小洋4分至4角不等。

它们各具特色，各有各的茶客，如义顺、新奇芳阁、六朝居、雪
园等，是古董、缎业、营造、建筑材料等行业茶会之地，得月台、迎
水台、万全则是文人雅集之区，饮茶之余，吟诗填词，高谈阔论，情
趣盎然。

夫子庙的戏茶厅是夫子庙茶馆特殊的一种，它大体上经历了茶
社——戏茶社——戏茶厅这样一个过程。

明代《秦淮画舫录》
记载："酒楼废而茶园
兴……鸿福园、春和园皆
在文星阁东首，各据一河
之胜。"

夫子庙茶馆

戏茶厅的内部摆设比
较简单，一般戏台呈方
形，三面临空，唱戏者都
在戏台上表演。

由于秦淮烟水气味的
感染，再加上多年江南文
风的熏陶，夫子庙许多著
名的茶馆都带有幽雅的诗
情画意。如坐落在文德桥
边的得月台，楼上下朝南

■ 南京高淳老街茶馆

的窗子均可以浏览秦淮河，夜晚品茗，可以看水望月，茶馆之名取自李白捞月的传说。

得月台茶馆还供应独特的果茶，在小茶碗中加两枚青果冲泡，清凉去火。新年玩灯时，游者多喜欢来此品饮果茶，称为"送元宝"，取吉利之意。

得月台旁边有家"文来"茶馆，这个名字取自《四书》中"则修文德以来之"。

文德桥的对面是柳隐园茶馆，这个茶馆门外植有一排柳树，围以篱笆，长柳拂人，绿光掩映，让人虽身处闹市之中，却能饮憩于柳隐深处，因而得名。在柳隐园西边隔壁，是义顺茶馆，这个名字取自南京人大年初一"一顺百顺"谐音的吉祥口语。

义顺和柳隐园各有特色：卖雀茶和棋茶。义顺茶馆上午是各行业手艺人聚会饮茶，下午茶馆屋檐下挂满了鸟笼，为玩雀者集聚的场所。进入其中但闻百鸟齐鸣，满屋啁啾，如入山林，遛鸟的人在这里大摆龙门阵。

柳隐园卖棋茶的堂口尽是棋桌，进去后静悄悄，茶客有的对弈，有的观弈，屋里只有棋子落盘之声。

问渠茶馆的名字取自朱熹的《观书有感》中的"问渠哪得清如许，为有源头活水来"的诗句。问渠茶馆不大，后堂临水，清静雅致。

六朝居茶馆坐落在秦淮剧场隔壁，是夫子庙最大的一家茶馆，有数百张桌子，经常茶客满堂，繁喧嘈杂，人声鼎沸。

六朝居茶馆楼前堂显眼处有一块横匾，上为名人所题"静躁万殊"四个大字，这是取《兰亭集序》中"虽取舍万殊，静躁不同"之典，是称道六朝居茶楼大、茶客多的堂皇气派与兴旺景象。

六朝居茶馆是一座二层楼建筑，飞檐画栋、雕花窗格、古色古香，给人的感觉是优雅而深邃。店堂中挂了不少名人字画。一些文人学士来此品茗，老板好茶供应之后，往往慕名当场索要墨宝。

店堂中悬挂的一副对联："近夫子之居，食不厌精，脍不厌细；傍秦淮左岸，与花长好，与月长圆"即由此得来。

六朝居茶馆的茶桌一律八仙桌、靠椅，夏天则换上藤椅。每到夏

■ 休闲茶馆内景

《水浒》 即
《水浒传》，又
名《忠义水浒
传》，简称《水
浒》，作于元末
明初，是我国四
大名著之一。全
书描写北宋末年
以宋江为首的
一百零八位好汉
在梁山泊起义，
以及聚义之后接
受招安、四处征
战的故事。《水
浒传》是我国历
史上最早用白话
文写成的章回小
说之一。

天推开雕花木窗，正对秦淮河，凉风习习，既是品茗
的好场所，也是纳凉胜地。

所供应的清茶与风味小吃，物美价廉，包饺、干
丝也极耐人品味。3个铜元就可以买到一个包饺，5分
钱就可以买到一碗干丝，因此，一般穷学生都愿来六
朝居品茗。

奎光阁在文德桥东边，紧傍秦淮河，后院有亭
榭，亭榭顶呈宝蓝色，形如酒坛，在晨曦夕照之下，
蓝光熠熠，极为惹人注目。

奎光阁茶馆的店名乃取"奎星高照，光宗耀祖"
之意。原来在科举时代，是专门做江南行省各州县来
南京赶考、住在附近状元境的黉门秀才们的生意的。

在科举开始之前的那段时间，士子们为图吉利，
其他茶馆不去，专上奎光阁。

1905年科举不再后，来奎光阁的茶客再也不是

■茶馆评弹

赶考的生员了。每当清晨，做各类生意的商人、经纪人就从四面八方汇聚到奎光阁看行情，谈生意经。

奎光阁茶馆下午是书场，晚上清唱，每天晨店门外悬挂木牌，大书"某日几时请某某先生说评书"，大书"某日夜几时请某某女先生弹唱古今全传"。届时，艺人登台高坐，台下茶客环座而听。

■ 休闲茶馆布景

常在这里说扬州评话的是王小堂。他擅长说《水浒》中的武松、宋江、石秀、卢俊义四个"十回"书，被誉为"王家《水浒》"。

饮绿斜茶馆和万全茶馆坐落在文德桥对岸秦淮河畔，这两个茶馆都是清代光绪初年开张的。上午常有瓦木工人在座待雇或洽谈生意，中午则有许多挑高笋的，将摊满衣服的高笋放在门前，任人挑选购买；下午则常有谈生意、谈房屋买卖的，济济一堂。

万全茶馆位于饮绿斜茶馆对面，地点清静，茶堂后有一棋楼，喜玩棋者常齐集楼上，交锋对垒，也十分惬意。

夫子庙一些茶馆楼上，常有一批老茶客，每日必到。他们长年将自备茶壶寄放在茶馆，还有人备一

**碧螺春** 我国十大名茶之一，属于绿茶，产于江苏苏州太湖洞庭山。碧螺春条索紧结，蜷曲似螺，边沿上一层均匀的细白绒毛，具有特殊的花朵香味。据记载，碧螺春茶叶早在隋唐时期即负盛名，有千余年历史。

小袋松子，边清谈品茗，边以松子摩擦茶壶。久之，松子油香渗入壶壁，茶中便微含松子香。

时人称这些饮茶如此用心的人为"茶博士"。

在夫子庙茶馆服务的堂倌都是训练有素的人，不仅应承周到，而且技艺纯熟。

他们往往右手执太平府大铜壶一把，随着应诺茶客的召唤，人到壶到，在离桌面两三尺的高处对准茶盅倾注开水，只见壶嘴猛一向下，再一抬头，茶盅刚好九成满，从无一滴开水洒落或四溅。

其动作之迅速利落，注水精度之准确，常令人惊叹不已。

茶客要的茶，品种不同，放在面前的茶盅，其颜色花卉图案也不一样，同时，决不会你要茉莉花茶，而给的是"碧螺春"。对一些老茶客，堂倌都能熟知谁爱喝什么茶，届时，不等茶客开口，他已在你的茶壶或茶盅里搁下你要的茶叶，绝不会搞错。

堂倌送面点小吃的技艺，同样令人叫绝。

他们一双手能托十多个菜盘面碗，自掌心至肘弯，重重叠叠，在人群中穿梭往来或飞步登楼，从不会发生碰撞失手等事。这种特殊技艺的绝招，在秦淮胜地茶馆中是屡见不鲜的。

**阅读链接**

秦淮地区的老茶馆不但以茗茶为主要生意，而且随着茶馆的兴盛和发展，各种面点小吃也登上了茶馆的茶桌，有的茶馆还提供拿手菜肴、香醇名酒，并以这些招徕顾客。

秦淮茶馆皆有小吃供应，并多有帮派之分，在大众化小吃的基础上，各自均有独具特色的食品，甚至有口味各异的拿手菜肴。

文德桥旁的得月台一向以高雅文明著称，是品茗饮食的佳地。这家茶馆冬天的羊肉面堪称一绝，其面条匀细软硬适中，羊肉熟烂味香甜，且物美价廉，远近闻名。

# 各具特色的戏曲舞台

　　秦淮地区是我国戏剧音乐的发源地之一，造就了许多著名的戏剧音乐家。

　　六朝时期，"清乐"盛行于南方各地。清乐又称"清商乐"，是在南方民歌"吴声"、"西曲"的基础上，继承了相和歌的传统发展起来的。

南京戏园

秦淮画卷

秦淮文化特色与形态

吴声常用箜篌、琵琶和篪的小编制乐队伴奏，也可用一件筝伴奏，自弹自唱。

《乐府诗集·上声歌》记载：

初歌《子夜曲》，改调促鸣筝；
四座暂寂静，听我歌《上声》。

这首诗反映了六朝时期秦淮人用筝自弹自唱的生动诱人的情景。

西曲是用筝和铃鼓伴奏，歌者站在伴奏者身边演唱，称为"倚歌"。

西曲在当年的秦淮两岸，官贾大族园墅和民间酒肆中非常流行。它往往有多段歌词，可组成分节歌，也可由若干首歌曲连接起来构成组曲的形式，进行歌乐伴舞。

■ 戏曲表演

■ 戏曲表演

据记载，清商乐采用的吴声、西曲，多为五言四句一曲，比较整齐，也有少数歌词是长短句的。

西曲中还有一种舞曲，当年秦淮、青溪沿岸豪门大族中常有表演。它往往有数段歌词，可组成分节歌，也可由若干首歌曲连接起来，构成组曲的形式。

清商乐中有一部分大型乐曲称大曲或清商大曲，结构颇复杂，是唐代大曲的前身。

它由三大部分组成：开头有四段至八段器乐演奏的序曲；中间是全曲的主体，由多段声乐曲组成；结束部分又分几个器乐段，这部分可以是多件乐器合奏，也可由一支笛子独奏。

清商乐不仅深受南朝时期历代皇帝的喜爱，在皇宫、士族府邸中流行，广大民众也喜爱表演传唱，它随着秦淮河到处流传。

东晋时期和刘宋初期，清商乐以东晋恒伊创作的

**铃鼓** 又称"手鼓"，维吾尔、朝鲜、乌孜别克、塔吉克等民族的打击乐器，流行于新疆维吾尔自治区及吉林省延边等地，鼓框木制，单面蒙皮，有大、中、小三种。铃鼓是一种色彩性很强的节奏打击乐器，可用作伴奏、伴舞和伴歌，节奏自由，任凭演奏者即兴发挥。

笛曲《三弄》最为著名。东晋书法家王羲之之子王徽之在秦淮河青溪交接处偶然与恒伊相遇，王徽之便请求恒伊演奏。恒伊即兴吹奏了《三弄》。

从此，这支乐曲广为流传，后被琴家吸收，改编为著名的琴曲《梅花三弄》。

汉魏六朝时期是琴曲创作的全盛期，这时琴不仅是一种独奏乐器，而且是相和歌乐队中的重要伴奏乐器。在秦淮地区琴最为流行，豪门望族绝大多数都"彻琴瑟"。

当时在秦淮从事琴曲表演和创作的很多，这个时期以及流行后代的著名琴曲有《胡笳十八拍》《小胡笳》《高山》《流水》《幽兰》《古风操》等。

《幽兰》是一首著名的古琴曲，最早是楚调中的著名歌曲。梁代时期，柳恽曾有"清夜促柱奏《幽

秦淮画卷

秦淮文化特色与形态

■ 戏曲表演

■ 戏曲表演

兰》”之句。六朝时期《幽兰》在古秦淮一带传播，并用筝来进行演奏。

宋元时期，“宋词”或称为“小唱”，是当时最流行的一种歌曲形式。秦淮地区流行的著名词曲有苏轼的《水调歌头》《扬州慢》《凄凉犯》等。

宋代以后，秦淮地区流行一种民间歌曲鼓子词，它是一种常在街市里表演的说唱音乐，流行的有《金陵府会鼓子词》《元微之崔莺莺商调蝶恋花鼓子词》等。

宋代晚期，秦淮地区开始流行南戏。南戏是在浙东一带的民歌、曲子基础上发展成的一种民间戏曲，有着浓厚的生活气息。

宋元时期，除了南戏，杂剧在秦淮地区也占有一定的地位。杂剧是一种综合性的戏曲。在那时，杂剧

**古琴** 又称“瑶琴”、“玉琴”、“七弦琴”，为我国最古老的弹拨乐器之一。为区别西方乐器才在“琴”的前面加了个“古”字，被称作“古琴”。古琴音域宽广，音色深沉，余音悠远，深具东方文化特色，由此，古琴被尊为“国乐之父”、“圣人之器”。

**檀板** 我国古代流传至今的一种打击乐器，因用紫檀木制成，故称"檀板"。大约出现在魏晋南北朝时期。檀板在隋唐时期得到广泛运用，唐代以来的檀板，由九块或六块长方形木板组成，前后板彼此撞击而发音，用于器乐合奏或戏曲伴奏，可以起到加强节奏的作用。

就已经有了旦、孤、末等多种角色，演唱时用鼓、板伴奏。

秦淮地区聚集了一批著名的杂剧表演家，有杜妙隆、樊香歌、平阳奴等。

元代秦淮除了南戏和杂剧盛行以外，还有一种散曲也是艺人常唱的歌曲。散曲是元代文人在杂剧、南戏盛行以后，利用其只曲或套曲的形式创作的一种艺术歌曲，一般常是些山水景色、风花雪月等内容，所以多是为高官显贵或文雅之士服务的。

唱散曲很方便，不分场合地点，随点随唱。当时用马尾作为弓拉奏的胡琴也产生了，为戏曲的发展起了很大作用。

明代朱元璋时期，秦淮地区每年元宵灯节都要燃放春灯、烟火。到时，春灯画舫、杂耍鼓吹、戏曲表演盛况空前。

明太祖朱元璋喜爱戏曲，积极倡导戏曲活动，并设有专门培养伶人的教坊司衙门。平日秦淮的戏曲音乐活动更为普遍，尤为突出的是河中穿梭往来，演唱民间小曲的船只，两岸河房珠帘更是笙箫歌声达旦，

■ 琵琶

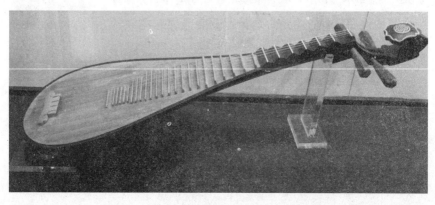

■昆曲表演

一派歌舞升平景象。

　　明代演唱民间小曲最为普遍，这是一种在各地民歌的基础上发展起来的歌曲形式，至清代乾隆前后，小曲开始向说唱音乐过渡，这个时期江南的小曲又专称为"小唱"，当时，秦淮小曲一般只唱不说，伴奏乐器有琵琶、三弦、月琴、檀板等。

　　明清时期，秦淮地区流行的剧种繁多，其中有一种说唱音乐"弹词"和鼓词。至清代乾隆年间，弹词在秦淮、扬州等地区发展很快，已产生了由开篇、诗、词、赞、套改、篇子等组成的大型形式，有的还吸收了一些戏曲的唱腔。弹词的伴奏乐器除了琵琶外，还有三弦、扬琴。

　　起源于明代安徽凤阳的以演唱为主的汉族民间歌舞花鼓，明清时期，广泛流传于秦淮、扬州一带，其

花鼓 我国民间一种歌舞。花鼓的表演形式通常是一男一女，男执锣，女背鼓，以锣鼓伴奏，边歌边舞。花鼓的曲调是在当地小调和山歌的基础上发展而成，曲调流畅，节奏鲜明，富有歌唱性和舞蹈性。

表演形式一般是男女两人击鼓敲锣跳舞演唱，还有一人拉胡琴伴奏。

明清时期，为了适应民间婚丧喜庆、宗教节日及其他典礼场合的需要，在各地民间音乐的基础上，形成了多种风格特色的民间器乐合奏，如鼓吹、吹打、十番、弦索等。

后来产生了用鼓、笛、木鱼、板、钹、小铙、大铙、大锣、堂锣等器乐合奏，名"十番"，当时在秦淮地区非常盛行。

明代流传的昆腔至清代称为"昆曲"，明清两代秦淮有大量专业的昆曲艺人，这些演技精湛的艺人创造了当时秦淮地区冠绝一时的戏曲表演。

清代光绪年间，京剧开始盛行，王公大臣、贝子、贝勒精于音律，长于戏曲者不胜枚举。受此影响，秦淮地区京剧盛行，成为这里的主要剧种。

除了京剧以外，清代很多地区的说唱和歌舞也向戏曲形式过渡，形成了各种独特艺术风格和鲜明地方特色的剧种，如黄梅戏、花鼓戏、锡剧、扬剧、评剧等，这些剧种和曲种在秦淮地区都多有反映。

## 阅读链接

明代末期，秦淮有位安徽珠宝商，为了摆阔气，一次在秦淮河畔搭起两座戏台，高价聘请当时很有名气的"兴化"和"花林"两家戏班子，对台同时演出《鸣凤记》。

当演至"河套"一折时，兴化班的观众都转过身去看花林班的演出。原来花林班扮演严嵩的主角李伶，奸相演得逼真，比兴化班的主角马伶更高一筹，不断博得观众的喝彩称赞。

马伶见状，自觉愧不如人，未等戏散就离去了。

3年后，马伶重新回来扮演严嵩一角，不仅外部造型、动作十分酷似，而且还把其内心活动刻画得惟妙惟肖，观众都十分佩服。李伶也十分佩服，自叹不如，遂拜马伶为师。